义务教育学校
教师绩效工资政策
评估研究

以一个东部区县为例

宋洪鹏◎著

知识产权出版社

全国百佳图书出版单位

图书在版编目（CIP）数据

义务教育学校教师绩效工资政策评估研究：以一个东部区县为例 / 宋洪鹏著 .
—北京：知识产权出版社，2019. 10
　　ISBN 978-7-5130-6491-0

　　Ⅰ.①义… Ⅱ.①宋… Ⅲ.①义务教育—教师—工资—劳动政策—研究—中国
Ⅳ.① G635. 15

中国版本图书馆 CIP 数据核字（2019）第 214066 号

责任编辑：王颖超　　　　　　　　　　责任校对：王　岩
封面设计：张　冀　　　　　　　　　　责任印制：刘译文

义务教育学校教师绩效工资政策评估研究
——以一个东部区县为例

宋洪鹏　著

出版发行：知识产权出版社 有限责任公司	网　　址：http://www.ipph.cn
社　　址：北京市海淀区气象路 50 号院	邮　　编：100081
责编电话：010-82000860 转 8655	责编邮箱：wangyingchao@cnipr.com
发行电话：010-82000860 转 8101/8102	发行传真：010-82000893/82005070/82000270
印　　刷：三河市国英印务有限公司	经　　销：各大网上书店、新华书店及相关专业书店
开　　本：720mm×1000mm　1/16	印　　张：12
版　　次：2019 年 10 月第 1 版	印　　次：2019 年 10 月第 1 次印刷
字　　数：190 千字	定　　价：58.00 元
ISBN 978-7-5130-6491-0	

序

工资是教师激励的重要手段。2008年，为激励广大教师积极投身教书育人事业，吸引优秀人才长期从教，人力资源社会保障部、财政部、教育部联合发布《关于义务教育学校实施绩效工资的指导意见》，规定全国各省（直辖市、自治区）义务教育学校从2009年1月1日起全面实施绩效工资制度，启动了新一轮教师工资制度改革。这轮改革不仅重申要切实贯彻《中华人民共和国教师法》，确保教师平均工资水平不低于当地公务员平均工资水平，而且将教师绩效工资分基础性和奖励性两部分，奖励性绩效工资占绩效工资总量的30%，由学校在考核的基础上根据教师工作量、实际贡献等因素发放。绩效工资逐渐成为研究者、管理者、中小学教师，乃至社会各界共同关注的热点问题。

在全球最大的中文搜索引擎百度网站中，从2009年至今，每年平均有超过1000条有关教师绩效工资制度的中文新闻报告。如果将博客、微信等各种自媒体中发表的资料都计算进来，那就更是难以计数。但值得注意的是，在中国社会科学引文索引（CSSCI）来源期刊上发表的中文学术文章却相对较少。自2009年以来，以"教师绩效工资"为题名或关键词搜索到的CSSCI期刊论文总计只有80余篇。在这些论文中，对绩效工资政策实施过程或结果进行评估的文章仅有26篇，占总量不足1/3，其余文章要么是对他国教师绩效工资改革的经验进行引介与评论，要么是对教师绩效工资政策进行理论分析。进一步分析发现，在26篇政策评估类文章中，综合运用定量和定性数据进行实证分析的研究少之又少，且系统性、规范性及深入程度均有很大的可提升空间。

在这样的背景下，宋洪鹏在博士学位论文研究中对我国义务教育学校教师绩效工资政策进行系统评估，正好弥补了这方面的不足。在研究中，他综合薪酬模型和CIPP评估模式，构建了由过程评估、结果评估，以及合法性、公平性、实效性相结合的教师绩效工资评估二维框架。这一框架既体现政策评估的综合取向，又符合薪酬领域的专业要求，可以成为本领域研究的一个通用框架。利用这一框架，他以我国东部某区为例，综合使用问卷调查法、访谈法、文本分析法等多种方法，以中小学教师、中层干部、校长为调研对象，从教师绩效工资政策的合法性、公平性和实效性等多个维度，对绩效工资政策实施过程和结果进行了系统、深入的分析。这一实证研究不仅拓宽了教师绩效工资政策领域的研究思路，增加了绩效工资政策评估的系统性，而且得出了一些有价值的结论，对于我国中小学教师工资政策改进及学校层面的工资方案设计，具有深刻的启发意义。

这一研究的成功实施，离不开宋洪鹏攻读博士期间的辛勤付出。与其他论文研究不同，除了在文献综述、理论分析、研究设计、数据处理等诸方面要下足功夫外，他面临的最大挑战是数据收集。众所周知，工资在管理实践中比较敏感，当研究者收集有关信息，甚至教师对工资制度态度的数据时，不少教育行政主管部门和中小学存有这样或那样的顾虑。为了能拿到真实有用的一手数据，他从确定选题后一直与样本区县教育行政部门保持有效的沟通，主动为区县教育行政部门和辖区内中小学提供各种力所能及的专业服务。他的努力付出与专业形象赢得了样本区县管理者和中小学校长的充分信赖，在数据收集中得到了样本中小学校长的大力支持。严谨的研究设计、扎实的研究过程，以及丰富翔实的一手数据，确保了这一研究的信效度与学术价值，也使这个研究具有一定的故事性，读起来引人入胜。

现在，宋洪鹏将他的博士学位论文修改整理成为一部学术专著，除了学术贡献之外，在当下还具有深刻的实践意义。2018年1月，中共中央与国务院发布《关于全面深化新时代教师队伍建设改革的意见》，强调教师队伍"是国家富强、民族振兴、人民幸福的重要基石"，要"完善中小学教师待遇保障机制"，"不断提高地位待遇，真正让教师成为令人羡慕的职业"。今年年初，中共中央与国务院发布的《中国教育现代化2035》更是将"建设高素质专业化创新型教师队伍"明确列举为十大战略任务之一，要求"提高教师社会地位，完善教师待遇保障制度，健全中小学教师工资长效联动机制"。新时代背景下的教师工资制度改革即将开启，这部专著不仅可以为政策制定者的决策提供依据，而且可以为中小学管理者优化工资方案提供参考。

宋洪鹏是我指导的第一位博士研究生，也是我的"得意门生"。他从硕士开始就一直跟着我学习，"我是看着他长大的"。他为人随和，做事认真，治学严谨。最难能可贵的是，他身上似乎有使不完的劲，对工作、研究和生活抱有激情，充满活力。希望他未来在教育人力资源管理及相关领域有更多的论文与著作，为新时代教师队伍建设改革贡献年轻学者的智慧。

北京师范大学教育学部教授、博士生导师

赵德成

2019 年 9 月

目　　录

第一章　研究缘起

　　工资是吸引、保留和激励教师的重要因素，一个好的工资制度对于调动教师的积极性具有非常重要的作用。一直以来，我国都十分重视教师工资制度的设计与改进。2008 年年底，《国务院办公厅转发人力资源社会保障部 财政部 教育部关于义务教育学校实施绩效工资指导意见的通知》（国办发〔2008〕133 号）（以下简称《绩效工资指导意见》）规定，按国家规定执行事业单位岗位绩效工资制度的义务教育学校正式工作人员自 2009 年 1 月 1 日起实施绩效工资。自教师绩效工资政策颁发以来，中小学教师绩效工资政策落实过程如何，中小学教师绩效工资政策落实的效果又如何？对此进行实证分析，对中小学教师绩效工资政策进行系统的评估，具有非常重要的现实意义。

一、加强教师队伍建设是当前我国基础教育发展的重要任务

　　教师是学校的第一资源，是影响教育质量的关键因素，这已成为世界各国教育决策者、实践者和研究者的广泛共识（Dee，Keys，2004；OECD，2005；Kingdon，Teal，2007；赵德成，2010b）。早在 1978 年，邓小平同志在全国教育工作会议上就提到了教师的重要性，"一个学校能不能为社会主义建设培养合格的人才，培养德智体全面发展、有社会主义觉悟的有文化的劳动者，关键在教师"，所以要"尊重教师的劳动，提高教师的质量"（邓小平，1994）。1986 年，卡内基教育与经济论坛"作为一种专门职业的教师"工作组发表的《一个

准备好的国家：为 21 世纪培养教师》（*A Nation Prepared: Teachers for the 21st Century*）报告，明确指出："只有保留和造就最优秀的教师，这个国家才能摆脱它所陷入的困境。""教师，也只有教师，才是这场改革的希望"（顾明远，2000）。2010 年颁布的《国家中长期教育改革和发展规划纲要（2010—2020 年）》（以下简称《教育规划纲要》）特别强调了教师的重要性，"教育大计，教师为本。有好的教师，才有好的教育"。2018 年颁布的《中共中央 国务院关于全面深化新时代教师队伍建设改革的意见》（以下简称《新时代教师队伍建设意见》）从战略高度再次强调了教师的重要性，指出："教师承担着传播知识、传播思想、传播真理的历史使命，肩负着塑造灵魂、塑造生命、塑造人的时代重任，是教育发展的第一资源，是国家富强、民族振兴、人民幸福的重要基石。"

随着我国教育事业的迅速发展，我国基础教育已经进入全面提高教育质量的新阶段，已由"量"的增加转变为"质"的提升，让学生们"上好学"是当前教育发展的内在要求。《教育规划纲要》明确指出，"把提高质量作为教育改革发展的核心任务。树立科学的质量观，把促进人的全面发展、适应社会需要作为衡量教育质量的根本标准。……制定教育质量国家标准，建立健全教育质量保障体系。加强教师队伍建设，提高教师整体素质"。教育质量的提高，在很大程度上依赖于教师质量的改善（OECD，2005）。在我国，中小学教师规模庞大，教师质量在地区之间、城乡之间、学校之间发展不均衡，通过加强教师队伍建设提升教育质量、促进教育公平已迫在眉睫。

此外，教师的重要性也得到了一些实证研究的支持。有美国学者对中小学教师教学经验与学生成绩的关系进行了调查研究，结果发现，教师的教学经验对学生的阅读和数学成绩的影响超过 10%（戴伟芬，2009）。著名教育经济学者汉纳谢克（E. A. Hanushek，2013）通过研究发现，高质量的教师能够创造很高的经济价值，一个在平均水平以上一个标准差的教师，教授 20 个学生的班级，每年都会创造 24 万多美元的经济价值。赵健等（2013）对我国 5 个城市调研发现，教师的专业发展实践对学生的学业成就有直接的显著影响。正如周洪宇（2011）在《中国教育黄皮书》前言中所说，"教师质量在某种程度上决定着中国教育的成败"。建设一支师德高尚、业务精湛、结构合理、充满活力的高素质、专业化教师队伍已成为我国基础教育发展的重要任务。

二、工资是吸引、保留和激励教师的重要手段

工资是影响教师职业吸引力的重要因素（Santiago，2004）。它影响到毕业生是否作出从教的决定，影响一部分人在度过职业间歇期后决定是否重新返回教师岗位，对现任教师是否会选择转行也有影响（经济合作与发展组织，2012）。菲格里奥（D. N. Figlio，2002）在分析美国 188 个公立学区在 1987—1988 年和 1993—1994 年新教师的工资变化时发现，如果一个学区相对于其他学区提高教师工资水平，那么该学区就更容易吸引来自一流大学或有所教学科背景的毕业生进入教师职业。汉纳谢克等（2004）分析了 1993—1996 年美国得克萨斯州 378790 名教师的流动数据，发现教师工资是影响教师离职的重要因素。可以说，工资是吸引毕业生选择教师职业，保留住经验丰富、教学质量优异教师的重要因素。

工资不仅起到吸引、留住教师的作用，还可发挥激励教师的效用（Podgursky，2011）。有关教师绩效工资的研究显示，基于绩效的工资能够提高教师的效能（Kobakhidze，2010）。沃斯曼（L. Woessmann，2011）使用 PISA 2003 年的数据对教师绩效工资和学生成绩的关系进行国际比较研究，发现采用绩效工资国家的学生在数学、科学、阅读成绩上都超过没有采用绩效工资国家的学生。拉维（V. Lavy，2009）在研究以色列教师对绩效工资的认识和其行为变化时发现，教师绩效工资对教师的教育教学产生了积极的影响。有些研究也发现由教龄和学历水平决定的传统工资制度，与教师的教学效能和学生学业水平的提高关系不大（Lavy，2007；Hanushek，2003）。可以看出，不是所有的工资都能起到激励教师的作用，而是基于教师实际表现的绩效工资设计才能发挥这种激励作用。

三、教师绩效工资政策是我国教育管理领域的热点问题

2008 年 12 月底，《绩效工资指导意见》规定我国各省（自治区、直辖市）

义务教育学校自 2009 年 1 月 1 日起实施绩效工资政策。之后，教育部又陆续出台了几个保障绩效工资政策落实的重要文件，如《关于做好义务教育学校教师绩效考核工作的指导意见》（教人〔2008〕15 号）和《关于进一步做好义务教育学校实施绩效工资中教师队伍稳定工作的通知》（教人〔2009〕20 号），我国义务教育阶段的教师绩效工资政策体系逐渐建立起来。《教育规划纲要》强调，"依法保证教师平均工资水平不低于或者高于国家公务员的平均工资水平，并逐步提高。落实教师绩效工资"。2012 年出台的《国务院关于加强教师队伍建设的意见》（国发〔2012〕41 号）规定："进一步做好义务教育学校教师绩效工资实施工作，按照'管理以县为主、经费省级统筹、中央适当支持'的原则，确保绩效工资所需资金落实到位。对长期在农村基层和艰苦边远地区工作的教师，实行工资倾斜政策。推进非义务教育教师绩效工资实施工作。"2018年颁布的《新时代教师队伍建设意见》指出："健全中小学教师工资长效联动机制，核定绩效工资总量时统筹考虑当地公务员实际收入水平，确保中小学教师平均工资收入水平不低于或高于当地公务员平均工资收入水平。"

中小学教师绩效工资政策，作为一项重大教师工资政策改革，引起我国教育学界、主流媒体、国家智库的广泛关注。自教师绩效工资政策颁布以来，有关绩效工资政策的理论研究、国际经验推介、实证研究不断涌现。我国教育主流媒体《中国教育报》一直在关注中小学教师绩效工资政策的实施情况，先后刊发《绩效工资是教师专业发展的灵丹妙药？》《绩效工资方案须由教代会通过——四川省南充市农村义务教育阶段教师绩效工资实施现状调查报告》《绩效工资新政五年"回头看"》等多篇文章。中国教育科学研究院对教师绩效工资政策实施进行了调查研究，于 2014 年出版《义务教育学校教师绩效工资实施情况调研报告》。中国教育政策研究院在 2015 年对《教育规划纲要》"教师队伍建设"专题进行中期评估，对中小学教师绩效工资政策的落实情况做了专门调研。可以说，近年来，教师绩效工资政策一直是我国教育管理领域的热点问题。

四、绩效工资政策需要严谨的政策评估

自绩效工资政策实施以来，在我国各级教育行政部门和广大中小学校的共同努力下，义务教育教师绩效工资实施工作进展比较顺利，各地已兑现绩效工资，取得重要阶段性成果，得到一些教师的支持。范先佐和付卫东（2011）对中部4省调研后发现，绩效工资充分调动了广大教职工的工作积极性，大大促进了学校教育教学质量的提高。安雪慧（2015）对全国16个省份的抽样调查研究发现，各地有效落实了教师绩效工资政策，绩效工资对改善教师教育教学行为有一定的导向和激励作用，且呈现出分选效应特点。然而，也有不少研究者发现，绩效工资政策在实施过程中遇到了诸多挑战。庞丽娟等（2010）在对全国22个省份进行调研后发现，有些地区绩效工资改革推行困难、落实迟滞，兑现日期一拖再拖；部分地区绩效工资仅低水平兑现，与公务员平均工资水平差距较大。容中逯（2012）在对浙江省调研后发现，绩效工资未真正起到调动广大教师工作积极性的作用，还导致新一轮"吃大锅饭"现象。宁本涛（2014，2015）分别对西部Q市Y区和上海市P区教师进行调查，均发现中小学教师对绩效工资政策的认可度不高，工作积极性转变不大。

从已有研究不难看出，当前研究者对绩效工资政策实施过程中产生的效果褒贬不一。中小学教师绩效工资政策的落实情况如何，中小学教师绩效工资政策的实施过程如何，教师绩效工资政策究竟产生了什么效果，对绩效工资政策实施过程和效果进行一个严谨规范的阶段性评估，对于我国未来绩效工资政策的完善和发展具有非常重要的意义。

五、我国缺乏有关教师绩效工资政策评估视角的实证研究

我国对教师绩效工资政策的研究起步较晚，大量研究是从2008年年底教师绩效工资政策颁布以后出现的。我国教育理论研究者、教育政策制定者、中小学校管理者对其进行了大量的研究，取得一些有益的研究成果。笔者从中国知网（CNKI）收录的CSSCI期刊和硕博学位论文两个方面收集已有文献，对

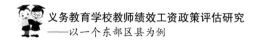

绩效工资政策评估相关研究进行了梳理和分析。

在 CNKI 收录的 CSSCI 期刊论文中，聚焦教师绩效工资政策实施的实证类文章有 20 多篇，但很少有以"政策评估"为主题的相关研究。总的来看，这些论文具有以下特点：首先，多数研究未采取薪酬和评估的视角；其次，很多研究使用单一的研究方法；最后，这些研究大多是宏观层面的调查，较少从微观的义务教育学校层面，对中小学教师的绩效工资方案进行深入系统的研究。

在 CNKI 收录的硕博论文中，有 130 多篇关于教师绩效工资政策实施情况的研究，其中多数为硕士论文，缺乏理论支撑与完善的分析框架，也没有基于政策评估的视角，而多以分析政策实施现状、实施过程和实施效果等问题为主，研究不够深入。

本书聚焦于义务教育学校层面上对教师绩效工资政策的评估，以多个利益相关群体为调查对象，以薪酬模型和 CIPP 评估模式为分析框架，采用问卷调查法、访谈法等相结合的混合研究方法，对教师绩效工资政策实施过程和实施效果进行深入、系统的评估，以期为我国义务教育学校教师绩效工资政策的进一步调整提出有针对性的建议。

第二章　文献综述

文献综述是学术研究的基础和前提。本章对教师绩效工资、教师绩效工资政策、教育政策评估、教师绩效工资政策评估等相关议题分别进行综述，为本研究奠定基础。

一、教师绩效工资

（一）工资、薪酬、报酬及福利

与工资相类似的概念包括薪酬、报酬及福利。它们的含义较为接近，彼此的关系也比较复杂。因此，在研究绩效工资之前，有必要先对这几个概念作一辨析。

1. 工资

工资，对应的英文是 wage 或 pay，是当前比较常用、公众所熟知的概念。它是指基于劳动关系，雇主根据劳动者提供的劳动数量和质量，按照法律规定或劳动合同约定，以货币形式直接支付给劳动者的劳动报酬（亨德森，2013；刘军胜，2014）。工资有广义和狭义之分，广义的工资包括基本工资，绩效工资，津贴和补贴，单位代扣、代缴的个人应缴纳的社会保险金和个人收入所得税等；狭义的工资不包括津贴、补贴、福利、社会保险等。

广义的工资常被用于政策中。国际劳工组织《1949 年保护工资公约》将工资定义为："工资"一词系指不论名称或计算方式如何，由一位雇主对一位受雇者，为其完成和将要完成的工作或已提供和将要提供的服务，可以货币结算并由共同协议或国家法律和条例予以确定而凭书面或口头雇用合同支付的报酬或收入。我国 1994 年 12 月颁发的《工资支付暂行规定》也对工资进行了解释，工资是指用人单位依据劳动合同的规定，以各种形式支付给劳动者的工资报酬，同时规定"工资应当以法定货币支付"。1995 年出台的《关于贯彻执行〈中华人民共和国劳动法〉若干问题的意见》对工资进行了更为详细的定义，指出：劳动法中的"工资"是指用人单位依据国家有关规定或劳动合同的约定，以货币形式直接支付给本单位劳动者的劳动报酬，一般包括计时工资、计件工资、奖金、津贴和补贴、延长工作时间的工资报酬以及特殊情况下支付的工资等。

2. 薪酬

薪酬，对应的英文是 compensation，有平衡、弥补、补偿之意。它是 20 世纪 90 年代中期在我国开始流行起来的管理学概念（曾湘泉，2006），后来被广泛应用于人力资源管理。很多研究者认为薪酬是一个广义的概念。马尔托奇奥（J. J. Martocchio，2010）认为薪酬是指员工完成工作过程中所获得的内部和外部的回报，薪酬体系既包括内部薪酬（员工从工作中获得的心理结果），也包括外部薪酬（货币或非货币的回报）。米尔科维奇和纽曼（G. T. Milkovich & J. M. Newman，2008）提出了总体薪酬（total compensation）的概念，它包括直接以现金形式获得的报酬（如基本工资、绩效加薪、激励、生活成本调整），或者以福利方式（如养老金、医疗保险、工作与生活平衡计划、色彩鲜亮的制服等）获得的报酬。L. 伯杰和 D. 伯杰（L. A. Berger & D. R. Berger，2006）认为新的薪酬模型不仅包括一个可见的反映雇员的基薪、长短期激励和福利的工资单（显性薪酬），还包括一个隐性的工资单，它涉及职业生涯、个人成长激励等（隐性薪酬）。李宝元（2002）认为广义的薪酬是指员工从企业得到的一切"好处"，包括直接的或间接的、内在的或外在的、货币的或非货币的所有形态的个人收益。可以看出，研究者认为薪酬不仅包括货币形式的收益，还包括非货币形式的收益。如此看来，工资是薪酬的一部分。

3. 报酬

报酬，对应的英文是 rewards，是与薪酬密切相关的一个词，在薪酬的一些定义中也提到了报酬。按照亨德森（R. J. Henderson，2013）的观点，报酬是员工所获得的回报，它应该包括员工重视并渴求的、雇主能够或愿意为员工提供的一切事物。美国薪酬协会（Worldatwork）提出了总报酬模型，包括薪酬（compensation）、福利（benefits）、工作－生活的平衡（work-life effectiveness）、赏识（recognition）、绩效管理（performance management）和才能发展（talent development）。刘昕（2014）认为应将员工因为为某个组织工作而获得的所有各种他认为有价值的东西统称为报酬，可以用两种不同的方式对报酬进行分类，按照某种报酬是否以金钱形式提供，可以将报酬分为经济报酬和非经济报酬；按照某种报酬对劳动者所产生的激励是一种外部刺激还是一种发自内心的内在激励，可以将报酬分为外在报酬和内在报酬。实际上，广义的报酬概念与广义的薪酬概念并没有实质性的差异。

4. 福利

福利，对应的英文是 benefits，是薪酬体系中的重要组成部分。很多研究者提出了福利的内涵和外延。米尔科维奇和纽曼（2008）认为员工福利有两个特点：其一，它是总体薪酬组合的一部分；其二，它不是按工作时间给付的。马尔托奇奥（2010）认为员工福利代表非货币的回报，包括带薪假期、员工服务和保障计划等。刘昕（2014）认为福利包括退休福利、健康福利、带薪休假、实物发放、员工服务等，提出福利与基本薪酬相比具有两个方面的特征：一是福利通常采取实物支付或者延期支付的形式；二是无论是实物支付还是延期支付，福利通常都有类似固定成本的特点，因为它与员工的工作时间之间并没有直接的关系。李永周（2013）认为，福利是组织基于雇佣关系，依据国家的强制性法律及相关规定，以组织自身的支付能力为依托，向员工所提供的、用以改善其本人和家庭生活质量的各种以非货币形式和延期支付形式为主的补充性报酬与服务。总结国内外学者对福利的定义可知，福利具有以下特点：它是总薪酬的重要组成部分；它是以非货币形式支付的；它是延期支付的；它不是根据员工工作时间支付的。

（二）绩效工资的内涵和种类

1. 绩效工资的内涵

尽管绩效工资在各种组织的人事管理中被广泛采用，但是对于绩效工资的内涵的认识还没有达成一致。正如美国著名薪酬研究专家米尔科维奇等说的，"在我们谈及绩效工资计划时，答案……是含糊不清的。如果你耐着性子听下去，你就会听到诸如激励计划、可变工资计划、风险薪酬、风险收益、成功分享等一系列名称。有时这些名称是相互通用的，其实并不应该如此"（米尔科维奇，纽曼，2008）。

不同的学者对绩效工资内涵的界定是有差异的。米尔科维奇和纽曼（2008）认为绩效工资（merit pay）是指根据员工或组织的工作绩效，在原有基本工资的基础上增加的工资，是一种可变工资计划。马尔托奇奥（2010）提出绩效工资计划假定一段时间内员工的薪酬应由工作绩效的差异或者至少部分由工作绩效的差异确定，绩效工资的增长量既要能反映出良好的工作绩效水平，还要能激励员工向那些优秀绩效的员工学习。

曾湘泉（2006）对国内外已有和绩效相关的薪酬概念进行梳理，总结出五种概念。

（1）绩效加薪（merit pay），是指根据员工的工作绩效，在原有基本工资的基础上增加的工资。这种加薪是永久性的，以后不管员工绩效如何变化，这部分已经增加的薪酬会一直给予员工。

（2）绩效奖金（merit bonus），是指根据员工的工作绩效，以纯现金方式给予员工的、与基本工资相分离的奖励。它是一次性给予员工的，需要每年重新挣得。

（3）激励工资计划（incentive pay plan），是指直接与某一特定业绩结果挂钩的工资，在绩效循环周期的开始，就应该明确奖励和期望结果之间的联系。

（4）可变工资（variable pay），是指根据绩效或者结果而变动的工资，实际上是指员工工资中可以变化的工资部分。

（5）绩效付薪（pay for performance），是指将工资（可以是基本工资和 / 或可变工资）整体或部分地和个人、团体、组织的绩效相联系。

通过曾湘泉的梳理可知，绩效工资是一个非常宽泛的概念，既包括对员工绩效的永久性奖励，也包含基于员工绩效的一次性奖励。尽管每一种概念提出的奖励额度、周期是有所差异的，但是它们的共同特点是，将员工的绩效与员工的工资水平联系起来。

2. 绩效工资的种类

从衡量绩效水平的时间上来看，绩效工资可以分为短期绩效工资和长期绩效工资。短期绩效工资是一个组织依据员工在短期内（一年或更短的时间）的绩效水平发放的工资。短期绩效工资可以让员工关注自己的表现，积极改进自己的绩效水平，常见的模式是绩效加薪、一次性奖励等。长期绩效工资重点关注员工一年以上的绩效水平，一年是长期激励计划与短期激励计划在时间上的分界线（米尔科维奇，纽曼，2008）。长期激励减少了经营者的短视行为，使决策的利益取向和风险取向更加符合组织的长期发展目标，同时，也提高了管理层的决策水平和管理效率，激发了经营者的积极性、竞争性、责任心和创造力（曾湘泉，2006）。常见的模式是员工持股计划。

从接受绩效衡量的单位来看，绩效工资可以分为个人绩效工资、团队绩效工资和组织绩效工资。个人绩效工资是以个人为薪酬支付对象，基于员工个人的绩效水平确定员工应得的报酬。很多工作是由员工个人做出的，具体表现也是由员工个人控制、实现的。传统的计件工资制、计时工资制都是依据员工个人表现的典型个人绩效工资。实施以员工个人绩效为基础的薪酬制度会极大地增强员工的工作积极性，减少企业的监督成本，使员工把精力集中在企业认为重要的一些目标上，进而提高企业的整体业绩，有助于企业完成战略目标（曾湘泉，2006）。但在实施过程中，个人绩效工资也带来了许多问题，比如基于个人绩效的绩效工资会降低员工分配公平感和帮助行为的整体水平，因而在工作相互依赖程度较高的企业中，实施过多的个人绩效工资有可能会影响员工间的相互合作（杜旌，2009）；绩效工资鼓励员工追求高效益，可能出现个人绩效提高、组织绩效反而降低，抑或员工为追求高绩效而损害服务对象利益的情况；比例或幅度过大的绩效工资对于入职不久的新员工或是承受能力较差的员工而言，无疑压力很大并对其产生负面影响（徐刚，2010）。

团队绩效工资是以整个团队作为薪酬支付对象，依据团队的价值、工作产出等确定团队整体应得的报酬（黄娟，2008）。随着组织内工作日趋复杂，很多工作无法由一个员工单独完成，需要由多个员工组成的团队来实现。因为如果只是根据个人的绩效来支付团队成员的薪酬，那么这些个人就可能把自己看成该团队内某个独立工作的人员，而不会把自己与整个团队联系在一起；如果将团队成员的薪酬与整个团队的工作联系在一起，团队成员密切协作，就有利于完成团队的目标（曾湘泉，2006）。传统的团队绩效工资包括斯坎隆计划（Scanlon plan）、所得分享计划（gain sharing）等。团队绩效工资有利于组织建立良好的团队合作文化，有助于实现团队目标。而且，相较于个人绩效，团队绩效更容易被衡量。但是，团队绩效工资也有不少问题，比如当员工在团队工作时，往往很难观察特定员工的产量，单个员工藏在整个群体的成功或失败的后面，容易出现"搭便车"问题（拉齐尔，2000）。

组织绩效工资是以整个组织作为薪酬支付对象，依据组织的绩效实现情况等确定组织内每个成员的报酬。每一个绩效周期内，组织都会有相应的绩效目标，会根据绩效目标的实现程度发放组织绩效工资。利润分享计划（profit sharing plan）是传统的组织绩效工资形式。组织绩效工资的实施让组织内的管理者和员工更多地关注组织绩效目标，通过共享价值观和共同愿景将个人、团队和组织有机结合起来，促进组织战略目标的实现，从而促进组织整体上的发展。

当前，我国中小学校采用的绩效工资种类以个人绩效工资为主，兼有团队绩效工资，组织绩效工资使用得较少。

（三）教师绩效工资的简要历史

教师绩效工资可以追溯到 19 世纪中期。1861 年，绩效工资被引入英格兰的学校中，以降低教育成本。如果教师在教学中没有取得成功或者没有提高学生水平，绩效工资计划就可以通过降低教师收入来削减日益增长的教育成本。此时的绩效工资主要是由学生考试结果来决定的。这种绩效工资计划持续了 30 年，带来了如教师为考试而教、教授的课程范围较窄而且容易让人生厌、作弊和死记硬背的现象不断出现等种种问题，因公众的强烈反对以失败告终（Chamberlin et al.，2002；Gratz，2009）。可以说，那个时期的教师绩效工资是当前教师绩效工资的雏形。

绩效工资制主要起源于科学管理时代泰罗提出的计件工资制。弗雷德里克·泰罗（Frederick W.Taylor）是美国著名管理学家，建立了科学管理理论，计件工资制便是其中重要的理论。1895 年，泰罗发表了《计件工资制》，提出差别计件工资制，是计件工资由经验变为管理技术的标志。"差别工资制"方案的主要内容是：制定差别工资率，即按照工人是否完成定额而采用不同的工资率。如果工人能够保质保量地完成定额，就按高的工资率付酬，以资鼓励；如果工人的生产没有达到定额，就将全部工作量按低的工资率付给，并给以警告，如不改进，就要被解雇（刘诚，2013）。这种差别计件工资制，鼓励多劳多得，极大地提高了职工的工作积极性。泰罗的差别计件工资的思想对教师薪酬设计产生了广泛的影响，美国的很多学校在20世纪20年代开始尝试绩效工资计划，但均以失败告终。

20世纪60年代以来，尤其是80年代以来，绩效工资被更广泛地应用于教育领域。欧美发达国家尤其是美国从《国家处于危机之中——教育改革势在必行》(*A Nation at Risk: The Imperative for Educational Reform*）问世后，为提高教师质量，在几个州多次实验绩效工资改革计划，但由于得不到教师工会的支持，多以失败告终。进入21世纪，各国普遍强调提升教育质量，重视程度达到了空前的高度。在这种背景下，很多国家如美国、英国、澳大利亚、以色列等开始重新实施绩效工资改革，试图通过灵活的工资制度调动教师工作的积极性，提高教学效能。在绩效工资实施过程中，很多经济领域和教育政策领域的学者，如巴罗和波德古斯基（Ballou & Podgursky，1993）、亨曼（H.G.Heneman Ⅲ，1998）、汉纳谢克（Hanushek，2003）等，对其进行了深入研究，探讨绩效工资与提高教师效能和提升学生学业成绩的关系，评估绩效工资政策的有效性。

（四）教师绩效工资相关理论分析

实施教师绩效工资主要是为了激励教师，调动教师的积极性，绩效工资的实施通常以激励理论作为理论基础。激励理论主要分为两大类，一类强调激励的内容，被称为内容型激励理论，主要包括马斯洛的需要层次理论、赫茨伯格的双因素理论等；另一类强调激励内容为激励对象所接受并产生一定激发力的过程，被称为过程型激励理论，主要包括弗鲁姆的期望理论、亚当斯的公平理论（张美兰，车宏生，1999）。

1.需要层次理论

需要层次理论（Hierarchy of Needs）是由美国著名人本主义心理学家马斯

洛（Abraham Maslow）1943 年在《心理学评论》期刊上发表的《人类动机理论》(*A Theory of Human Motivation*) 一文中提出的。他认为人的需要是由五个层次构成的（见图 2-1），分别为生理的需要（Physiological needs）、安全的需要（Safety needs）、归属与爱的需要（Love and belonging needs）、尊重的需要（Esteem needs）和自我实现的需要（Self-actualization needs），由低层次到高层次依次排列。在这五个层次中，生理的需要是满足个体生理机能正常运转的需要，如食物、水、睡眠等，它属于最低层次的需要，但它是推动人们行动最重要的动力。马斯洛认为，只有这些最基本的需要得到满足后，其他的需要才能成为新的激励因素。在生理需要得到较好满足后，人们就会有安全的需要，包括人身安全、财产安全、工作职位保障等，它也是较低层次的需要，但同样对人的行为具有重要的影响。当个人满足生理需要和安全需要以后，他会继续追求社会方面和个人心理方面等较高层次的需要（Maslow，Green，1943）。当生理需要和安全需要得到较好满足后，社会方面和个人心理方面的需要往往能够对人的动机和行为产生较大的影响。马斯洛将人的动机和行为与人的需要联系在一起，人们的行为受到动机的支配，动机由需要产生，要调动人们的积极性，应从正确对待他们的需要入手。

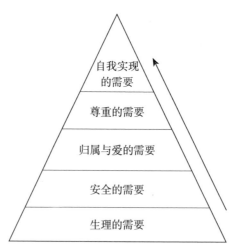

图 2-1　马斯洛的需要层次理论

根据马斯洛的需要层次理论，工资对于满足员工各种需求来说非常重要，是一种基础性的激励因素。没有工资，或者工资数量不够，或者工资分配不合理，都会在不同程度上影响员工生理、安全、归属、尊重，乃至自我实现需要的满足。马斯洛指出，当某种需要得不到满足，成为缺失需要时，员工的心理就会出现问题，积极性也会相应下降。所以，这就要求中小学教师绩效工资政策既要确保工资有足够满足教师需要的数额，又要确保绩效工资的分配公开透明、公平合理。

2. 双因素理论

双因素理论（Two-factor Theory）又称激励保健理论（Hygiene-motivational Factors），是由美国著名管理学家、心理学家赫茨伯格（Fredrick Herzberg）于1959年在《工作的激励因素》（The Motivation to Work）一书中提出来的。赫茨伯格及其助手对匹兹堡市9家公司进行的调查研究发现，组织中存在两种影响教师满意度的因素。赫茨伯格采用事件序列法，让调查对象回答"描述你感觉愉快的事件和时间，再描述让你不快的事件和时间"。通过分析高涨序列和低落序列，分析出两种影响教师满意度的因素。一种是保健因素，这种因素是让员工感到不满的因素，它的功能不在治疗而在预防。保健因素包括监管、人际关系、工作条件、薪酬、公司政策、行政管理、福利政策及工作保障。这些因素如果处理不好，会产生对工作的不满情绪；如果处理得当，这些因素也只能预防不满情绪的出现，并不一定会促进正面情绪的产生。另一种是激励因素，这种因素是能够让员工感到非常满意的因素，诸如工作中富有成就感、工作的挑战性、工作的成绩能够得到社会的认可，以及职务上的责任感和职业上能够得到发展和成长，等等，这些是一些内化的因素，如果处理得当，就会对员工起到长期的激励作用（赫茨伯格，2009）。

赫茨伯格（2009）在分析事件序列时发现，薪酬在高涨序列（激励因素）和低落序列（保健因素）中出现的频率大致相当。薪酬既可以让人对工作感到满意，也可以让人对工作感到不满。当薪酬作为低落序列的一个因素出现时，受访者围绕公司不公正的薪资系统，描述加薪有多么不容易，或者加薪加得太迟，或是工作多年员工的薪酬和新入职员工的薪酬差别不大。在薪酬作为高涨序列的一个因素出现时，往往和个人成就有关，它是一种认可，其意义不在于金钱，它意味着工作做得很好，个人在工作方面有所进步。但是，从全局来

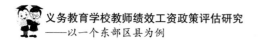

看，薪酬更多地被归为工作情境的因素，主要是让员工感到不满意的因素，因此，赫茨伯格将薪酬归入保健因素中。

双因素理论对我国中小学教师绩效工资政策的实施具有重要意义。根据双因素理论，教师工资中的基础部分必须设定在足够高的水平，以为满足教师的保健需要提供经济支持，但它不能激励绩效，从这个意义上，基础部分工资属于保健因素。在满足教师的保健需要时，只有当绩效工资与满足教师对认可、成就感等需要相关联时，绩效工资才能产生激励作用。而且，绩效工资的激励效果还要受到人际关系、责任、工作类型及工作条件等一些因素的影响（米尔科维奇，纽曼，2008）。这就要求中小学校在进行绩效工资设计时，一方面要把基础部分工资设定在满足教师保健需要的水平上，另一方面奖励部分要体现教师工作的贡献，同时重视其他因素对教师的影响。正如李宝元（2002）所说："绩效工资政策使员工感到'满意'，这就要通过改善工作内在因素，如使工作丰富化、富有挑战性，使员工有晋升、成长和发展的条件与机会。"

3. 期望理论

期望理论（Expectancy Theory）是由美国著名心理学家弗鲁姆（V.H.Vroom）于 1964 年在《工作与激励》（*Work and Motivation*）中提出来的一种激励理论。这一理论试图重构激励个人努力实现特定目标的认知过程。弗鲁姆认为，如果人们期望获得一个有价值的回报，他们更可能为了达到特定的绩效目标而努力奋斗。当没有实现时，这个目标会形成一种期望，这时目标反过来对个人的动机又是一种激励，这种激励的大小是由三个条件决定的，取决于期望（expectancy）、效价（valence）和手段（instrumentality）的乘积，用公式表示为：$M = E \times V \times I$。其中，M 表示激励，指的是调动一个人的积极性，激发人内在潜力的强度；E 表示期望值，指的是人们根据过去经验对自己达到某种目标可能性是大还是小的判断，即能够达到目标的概率；V 表示效价，指的是达到目标对于满足他个人需要的价值；I 表示手段，指的是个体相信自己表现好就能获得回报的信念。这个公式说明：一个人越是相信自己只要努力就能提高工作绩效（E），并能因为绩效提高而获得相应的奖赏（I），而且认为这种奖赏很有价值（V），那么他的动机就会越强烈（赵德成，2010a）。

由期望理论可知，绩效工资有可能是一项强有力的激励因素，只要满足以下前提条件：（a）人们相信自己可以控制其绩效水平；（b）工资与绩效之间存在清楚的联系；（c）做出绩效的人对金钱赋予高价值（格哈特，瑞纳什，2005）。中小学要发挥绩效工资的激励作用，根据期望理论，应做好以下三点：学校要使教师相信他们的努力能产生绩效，管理者要为教师设置通过辛勤工作就有能力达成的绩效目标，才有可能让他们为目标达成而付出努力；学校要将绩效考核结果与奖励性绩效工资有机联系起来，真正体现"多劳多得、优劳优酬"的原则；中小学管理者精心设计奖励性绩效工资的数额，使之有足够的吸引力，对教师来说有足够的价值（赵德成，2010a）。

4. 公平理论

公平理论（Equity Theory）是由北卡罗来纳大学的心理学家亚当斯（J.S.Adams）于 20 世纪 60 年代提出的，它解释了有关个人感到他（她）被公平或不公平对待的内在心理过程（Adams，1965），提出了人们基于自己所感受到的产出 / 投入之比与他人的该项比例的明显评价，来判断自己所得工资的公平程度（格哈特，瑞纳什，2005）。亚当斯对薪酬分配与员工积极性的关系进行研究后发现，员工非常关心自己在组织中所获得的回报是否公平。这种公平感是社会比较的结果，即员工将自己的投入 / 收获比例与同单位的同事或不同单位但做同样工作的人进行比较，然后得出的一种认知判断（赵德成，蒋昕，2009）。这种比较可能导致三种不同的结果：薪酬过低产生的不公平、薪酬过高产生的不公平或薪酬公平（见图 2-2）。当个体感受到不公平时，他的积极性

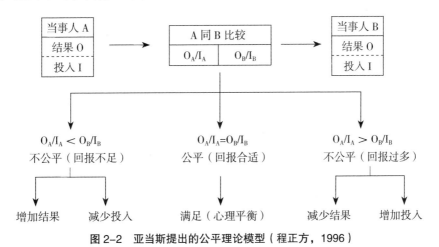

图 2-2 亚当斯提出的公平理论模型（程正方，1996）

就会出现不同程度的下降，他会采用不同的反应方式恢复公平，而多数恢复公平的办法都带有破坏性，对组织发展不利（赵德成，蒋昕，2009）。为了恢复公平，因薪酬过低产生不公平感的员工可能减少对工作的投入或者提高所得；因薪酬过高产生不公平感的员工可能增加对工作的投入或者减少所得（格林伯格，巴伦，2011）。

分配公平感是员工将自己的薪酬与他人比较的结果。与他人比较时，员工的公平感会受到他所选的"他人"的影响。当员工选择的"他人"是其他组织的员工时，就会引发外部公平问题；当员工选择的"他人"是同一组织内其他员工时，就会引发内部公平问题；当员工选择的"他人"是此前的自己时，就会引发个人公平问题。也就是说，亚当斯提出的分配公平可以分为三个方面：外部公平、内部公平和个人公平。

20世纪80年代，研究者对公平的研究逐渐转向程序公平（procedural justice）。程序公平的观点来源于法律界，泰博和沃克（Thibaut & Walker, 1975）在研究辩论者对不同法律诉讼程序的不同反应时提出程序公平的概念，他们认为，计划和执行决策的过程才是感知公平的决定性因素，而非之后所得结果的多少。程序公平主要关注的是决策过程是否公平。当程序被知觉为不公平时，员工容易感到分配不公平，即便分配客观上比较公平，员工也会针对组织作出报复性反应；而如果员工感到程序是公平的，那么即使结果不公平，他们也可能不会作出负面反应（Balkin, Gomez-Mejia, 1990）。勒旺塔尔（G.S.Leventhal, 1980）提出了程序公平的六条判断标准：一致性原则、控制偏见原则、准确性原则、可修正原则、代表性原则、道德伦理原则。华莱士和费伊（M.J.Wallace & C.H.Fay, 1988）、林淑姬（1994），将程序公平分为四个维度，即公开、参与、沟通、申诉。

公平理论对于我国中小学教师绩效工资政策的实施具有非常重要的指导意义。依据公平理论，在中小学校实施绩效工资政策时，要高度重视广大教师的公平感受，既要保证分配公平，又要确保程序公平。分配公平要求中小学在分配工资时要关注教师的外部公平感、内部公平感和个人公平感，强调薪酬设计的外部竞争性、内部一致性和个人贡献等原则。程序公平要求中小学在设计与实施绩效工资方案过程中，要注意程序上的民主性与公平性，而其中最为关键的是提前告知、申诉的权利和要求解释的权利。只有这些基本的权利获得了应有的保障，只有程序上的公平得到了教师们的广泛认可，绩效工资才有可能发挥其积极的激励作用（赵德成，2010a）。

二、教师绩效工资政策

（一）绩效工资政策

1. 政策

政策是现代社会生活中常用的概念。但无论是在日常生活中，还是在学术研究领域中，人们对政策的含义并没有一致的界定（陈振明，2003）。《辞海》对政策一词作了界定："国家、政党为完成特定的任务而规定的行动准则，是路线、方针的具体化。"孙光（1988）、张金马（1992）、陈振明（2003）等学者持有这种狭义的观点，即政策是由国家、政党主导制定的。

然而，也有不少人持广义的观点。安德森（J. E. Anderson，1990）认为"政策主体分官方主体和非官方主体，官方的政策制定者包括立法者、行政官员、行政管理人员和司法人员；非官方的政策制定者包括利益集团、政党和作为个人的公民"。赵德成（2015）也提出了类似的观点，他指出"政策，泛指政府、机构、组织或个人在具体情境下，为实现目标而订立的行动指南或准则"。有些学者还将政策定义为一个活动过程。安德森（1990）提出，政策是一个有目的的活动过程，而这些活动是由一个或一批行为者，为处理某一问题或有关事务而采取的。卡尔·弗里德里希（C. J. Friedrich）认为"政策是在某一特定的环境下，个人、团体或政府有计划的活动过程，提出政策的用意就是利用时机、克服障碍，以实现某个既定目标，或达到某一既定的目的"（陈振明，2003）。陶学荣（2006）在总结已有概念的基础上提出："公共政策是权威的国家机构及公共团体为了实现特定的公共目的，对社会价值进行合理配置的决定及实施过程。"综合以上观点，广义的政策包括由政府、政党、组织或个人制定的政策文本，也包括这个政策的实施过程。

2. 绩效工资政策

按照广义的政策理解，教师绩效工资政策既包括各级教育行政部门、中小

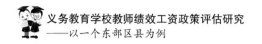

学校制定的绩效工资政策，也包括绩效工资政策的实施过程。

在我国，中小学教师绩效工资政策的实施开始于《事业单位工作人员收入分配制度改革方案》（国人部发〔2006〕56号）（简称《收入分配改革方案》），这一政策规定我国事业单位实行岗位绩效工资政策，拉开了教师绩效工资改革的序幕。之后，人事部陆续出台《事业单位工作人员收入分配制度改革实施办法》（国人部发〔2006〕59号）、《事业单位岗位设置管理试行办法》（国人部发〔2006〕70号）、《〈事业单位岗位设置管理试行办法〉实施意见》（国人部发〔2006〕87号）等重要政策文件，对事业单位岗位绩效工资政策实施的范围、事业单位岗位设置等方面作出了明确的规定。

2008年12月出台的《绩效工资指导意见》是义务教育学校进行教师绩效工资改革的基本政策依据，是一个纲领性政策。紧接着，为配合义务教育学校绩效工资政策顺利实施，2008年年底颁发的《教育部关于做好义务教育学校教师绩效考核工作的指导意见》（教人〔2008〕15号）要求义务教育学校做好教师绩效考核工作，将绩效考核结果作为绩效工资分配的主要依据。在国家绩效工资政策指导下，各级教育行政部门、中小学校都制定了具体的绩效工资政策，将教师绩效工资政策落实到位。

（二）世界主要国家的教师绩效工资政策

世界上很多国家或地方都在实施绩效工资改革，有的是局部地区的实验计划，有的是国家层面整体的推进。本书对美国和英国的教师绩效工资政策进行分析，了解两个国家绩效工资政策实施的历程和特点，以期为我国教师绩效工资改革提供有益的借鉴。

1.美国教师绩效工资政策

美国是较早将绩效工资引入教育的国家。受泰罗提出的计件工资思想的影响，20世纪20年代，美国的一些学校开始绩效工资改革实验，但是因教师激烈的反对和绩效工资政策本身的弊端，这种实验在其后几十年逐渐停了下来（贾建国，2009）。在工人运动的推动下，单一工资制（the single salary schedule）逐渐建立起来，于1921年首先出现在丹佛（Denver）和得梅因（Des Moines），到1950年，已几乎覆盖所有的学区（Kelley，1996），据统计，当时有 97% 的学校采用单一工资制（Sharpes，1987）。这是一种确保具有相同工作经验和同等受教育程度的教师得到相同工资的统一支付模式，它确保了教授不同年级、不同学区、不同种族和性别的教师在工资支付上的公平性，同时也体现了教育工作的专业特性，并且确定工资的方式也由早期的个人谈判变为集体谈判（蔡永红，梅恩，2012）。但是这种单一工资制的弊端逐渐显露，不利于吸引、保留和激励优秀教师，随着 20 世纪 60 年代以来尤其是 80 年代以后社会对教育质量的关注，很多州、学区和学校又重新开始实施绩效工资政策。

美国实施绩效工资政策的历史，可以大致分成三个阶段（蔡永红，梅恩，2012；蒋平，程晋宽，2013）。

第一个阶段是 20 世纪 60 年代。1957 年，苏联率先将人造卫星发射上天，震惊了美国社会各界。美国开始反思学校教育的质量，实施教育改革。1958 年，美国总统艾森豪威尔签署《国防教育法》（*National Defense Education Act*），拉开了美国基础教育改革的序幕，加强了对学校有效性的关注。受国家政策的影响，一些学区开始改革教师薪酬计划，通过实施绩效工资政策提高教师质量，提升学校效能。到 20 世纪 60 年代，大约 10% 的学区采用绩效工资政策（Murnane，Cohen，1986）。当时出现的绩效工资类型包括：业绩工资（pay-for-performance）、基于知识和技能的工资（knowledge and skills-based pay）、职业阶梯项目（career ladder programs）、冷门科目（hard-to-staff subjects）、冷门学校（hard-to-staff schools）、吸引和保留教师奖励（recruitment and retention awards）等（Springer，2009）。但是这些绩效工资政策没有取得多少进展，由于教师和教师工会的抵制，到 1972 年，采用绩效工资政策的学区占比减少到 5.5%，而且大部分学区的绩效工资计划持续了不到五年（Porwoll，1979）。

第二个阶段是 20 世纪 80 年代。20 世纪 80 年代初，美国社会更加关注教育质量，里根政府成立"国家教育优异委员会"（National Commission on Excellence in Education），把基础教育的目标定位在"高质量""优异""杰出"上（李立国等，2000）。为提高教育质量，绩效工资政策得到了美国政府的支持和推进。1981 年，里根政府的教育部部长贝尔（Ted Bell）对公立教育的单一工资制表达了强烈不满，认为"如果给表现最好的教师最好的工资，那么也必须给表现最差的教师最差的工资"。1983 年，国家教育优异委员会公布《国家处于危机之中——教育改革势在必行》，这一报告引起了整个美国社会的广泛关注。报告指出美国教育质量不高，其中一个非常重要的原因是优秀师资的短缺，由于教师职业的薪酬水平较低，很多优秀的毕业生不愿意从教。报告对单一固定的工资体系提出质疑，并建议"教书这一行的工资应该增加并且应该是待遇优厚的竞争性职业，对供求敏感（对稀缺人才提高待遇）并以工作成绩为依据"（吕达，周满生，2004）。在此背景下，为了改善教师待遇，吸引更多优秀人才从教，提高学生的学业成绩，很多州（田纳西州、加利福尼亚州、佛罗里达州、得克萨斯州、新泽西州等）、学区纷纷改革教师单一工资制，开始引入绩效工资政策。然而，有关教师绩效工资的改革引起了很大的争议，很多教师和教师工会强烈反对绩效工资改革计划，再加上绩效工资政策设计的问题，导致绩效工资计划仅仅持续几年就失败了（Ballou，Podgursky，1993；Toch，2009）。即便如此，可以说，直到1983年《国家处于危机之中——教育改革势在必行》的出台，美国的许多学区公立学校才开始用绩效工资替代单一工资制（Podgursky，Springer，2007）。

第三个阶段是20世纪90年代至今。20世纪90年代以来，美国社会越来越重视教育质量，政府出台了多项政策法案促进教育质量的提升，1991年乔治·H.W.布什政府颁布了《美国2000年教育战略》（*America 2000: An Education Strategy*）、1994年克林顿政府颁布了《美国2000年教育目标法》（*Goals 2000: Educate America Act*）、2003年乔治·W.布什签署了《不让一个孩子掉队法案》（*No Child Left Behind Act*）以及2009年奥巴马政府出台的《美国复兴与再投资法案》（*The American Recovery and Reinvestment Act*）等。在《不让一个孩子掉队法案》中提出建立问责系统，美国学生在PISA中表现较差、教师质量亟须提高的背景下，政府、学校都对绩效工资计划的设计和实施表现出较大的兴趣（Podgursky，Springer，2007）。2006年，联邦政府设立"美国教育部教师奖励基金"，从2006年起每年下拨9900万美元专项经费用于各项教师绩效工资计划。特别是2009年，奥巴马总统上任后，打破了传统教育经费投入方式，推行"力争上游"（Race to the Top）拨款计划，使教师绩效工资投入转变为以联邦专项拨款为主，凸显联邦政府主导作用，积极支持并激励各州学区学校申请加入绩效工资计划（蒋平，程晋宽，2013）。

2.英国教师绩效工资政策

英国很早就提到教师绩效评估、教师绩效工资政策。《1988年教育改革法》（*Education Reform Act 1988*）提出全国性的教师绩效评估制度。1997年，英国政府出台《追求卓越的学校教育》（*Excellence in School*）强调通过测量教师绩效提高教育标准和教育质量，要求建立一个公平合理的绩效评估制度。1998年，英国政府公布《教师：迎接变革的挑战》（*Teacher: Meeting the Challenge of Change*），提出建立中小学教师绩效工资政策，从2000年9月开始正式生效。文件中提出实施绩效门槛（performance threshold）和更大的工资幅度（higher pay ranges）等绩效工资政策，目的就是促进优秀学校的发展，吸引优秀人才进入教师职业，保留和激励优秀教师，通过更灵活的方式配置资源为所有教师提供支持。

2002年，英国政府颁布《2002年教育法案》（*Education Act 2002*），提到对教师进行绩效评估，而且提出绩效评估结果可能与教师的薪酬挂钩。2006年，英国政府出台《教育规程2006：学校教师绩效管理》[*The Education（School Teacher Performance Management）（England）Regulations 2006*]，明确提出校长的绩效水平与其薪酬挂钩。尽管英国很早提到教师的薪酬与绩效结合，但实际上在2013年之前，英国的绩效工资政策只是针对校长的，其他教师的绩效工资主要是受到教龄和职级的影响。

2013年，英国教育部发言人指出："对学校来说，新的绩效工资政策对能够招聘和奖励最优秀的教师非常重要。这条建议有助于学校重新审视自己的薪酬政策，落实一些方案，给予最好的教师以更多薪酬。"（凤智，2014）新的绩效工资政策真正把教师的薪酬与他们的绩效结合起来，并在英格兰和威尔士全面实行。主要经验可以概括为两点：（1）绩效考核主要是建立在对教师课堂表现的评价上的，绩效工资政策与教师课堂表现相挂钩。可以看出，教师绩效评估重点关注了行为过程指标，能够有效调动教师的积极性。（2）绩效工资结构更加简单，由之前的职级工资到现在的宽带工资。比如，高技能教师（Advanced Skills Teachers，AST），在2012年，工资结构是18级，而到2013年，工资结构变为一个包括最小值到最大值的宽带工资范围，根据教师的绩效水平评定具体的工资水平。英国政策咨询机构"政策交流"（Policy Exchange）

对绩效工资政策进行了评估，认为绩效工资的改革将有助于吸引更多优秀人才进入教师队伍，也可以营造一个良性的提升现职教师专业能力的社会文化氛围。同时，该机构也提出了相应的建议：需在整体制度设计与公平性上多下功夫（凤智，2014）。然而，在实践中，绩效工资政策遭到教师工会的强烈反对。教师工会多次发动大规模示威抗议活动，他们认为绩效工资政策是不合理的，没有充足的证据证明薪酬激励与教师的绩效相关，而且绩效工资政策加剧教师之间的竞争，破坏教师之间良好的关系。

（三）我国中小学教师绩效工资政策的发展历程

1.我国中小学教师绩效工资政策起源于 1985 年的结构工资改革

我国中小学教师绩效工资政策起源于 1985 年的事业单位工资改革。为逐步消除原有工资政策中的平均主义和其他不合理因素，初步建立起能够较好地体现按劳分配原则、便于管理和调节的新工资政策，1985 年 6 月颁发的《中共中央　国务院〈关于国家机关和事业单位工作人员工资制度改革问题〉的通知》（中发〔1985〕9 号）决定对事业单位工作人员的工资制度进行改革，要求普通中小学校从 1985 年 1 月 1 日起执行新的工资制度，即结构工资制。按照政策规定，结构工资分为基础工资、职务工资、工龄津贴和奖励工资四个组成部分。

基础工资，以大体维持教师本人的基本生活费计算，从领导干部到一般教师都执行 40 元 / 月基础工资标准。职务工资，是按照教师的职务高低、责任大小、工作繁简和业务技术水平确定，每一职务设几个等级的工资标准。工龄津贴，按照教师的工作年限逐步增长，每工作一年每月发给 5 角。奖励工资，用于奖励在工作中做出显著成绩的教师，有较大贡献的可以多得奖，不得平均发放。

结构工资制，既强调职务工资，使教师劳动报酬与其职务紧密联系，又便于发挥工资各个组成部分的不同职能作用，体现"公平效率二者兼顾"的按劳分配原则，注意克服平均主义分配方式的某些弊端（田正平，杨云兰，2008）。结构工资制体现了绩效工资改革的一部分思想，为以后的教师绩效工资改革奠定了一定的基础。

2. 我国中小学教师绩效工资政策受到 1993 年专业技术职务等级工资制的影响

1993 年 12 月，《国务院办公厅关于印发机关、事业单位工资制度改革三个实施办法的通知》对事业单位进行分类管理，决定在中小学校实施专业技术职务工资，将工资主要分为专业技术职务工资和津贴两部分。专业技术职务工资是中小学教师工资中的固定部分，将原有的基础工资、职务工资、工龄津贴合并，根据教师的工作业绩、任职（聘任）年限、工作年限和学历综合考虑，确定相应的工资档次。津贴是中小学教师工资构成中"活"的部分，在工资构成中占 30% 的比例，与固定部分同时实施。对于津贴项目设置和发放标准，政策作出了明确的规定："各单位的津贴项目和名称，要根据本单位的主要工作任务来确定，津贴档次，要根据工作任务的特点和具体情况来划分。津贴标准，要在认真测算的基础上来设置并严格控制在核定的津贴总额内。津贴的发放，要在考核的基础上按照工作的数量和质量，贯彻多劳多得、少劳少得、不劳不得的原则。"

同时，政策还规定实施奖励制度，对作出重大贡献的中小学教师给予一次性重奖，对年度考核合格以上的教师，在年终发给一次性奖金，奖金数额为本人当年 12 月份的月工资（含津贴部分）。

1993 年的专业技术职务工资改革，蕴含"多劳多得、优劳优酬"的思想，对后来的教师绩效工资改革也有较大的影响。

3. 教师绩效工资政策改革正式开始于事业单位收入分配制度改革

中小学教师绩效工资改革正式开始于事业单位工作人员收入分配制度改革。2006 年 6 月，国家人事部（现为人力资源和社会保障部）、财政部出台的《事业单位工作人员收入分配制度改革方案》（国人部发〔2006〕56 号）（以下简称《收入分配改革方案》）明确规定："事业单位实行岗位绩效工资制度。岗位绩效工资由岗位工资、薪级工资、绩效工资和津贴补贴四部分组成，其中岗位工资和薪级工资为基本工资。"这一改革方案正式拉开我国中小学教师绩效工资改革的序幕。

岗位工资主要体现工作人员所聘岗位的职责和要求。事业单位岗位分为专业技术、管理和工勤技能三类岗位。专业技术岗位设置 13 个等级；管理岗位设置 10 个等级；工勤技能岗位分为技术工岗位和普通工岗位，技术工岗位设置 5 个等级，普通工岗位不分等级。不同等级的岗位对应不同的工资标准，实行"一岗一薪，岗变薪变"（李建民，2010）。

薪级工资主要反映工作人员的资历和工作表现。对专业技术人员和管理人员设置 65 个薪级，对工人设置 40 个薪级，每个薪级对应一个工资标准。对不同岗位规定不同的起点薪级。工作人员根据工作表现、资历和所聘岗位等因素确定薪级，执行相应的薪级工资标准，实行"一级一薪，定期升级"（李建民，2010）。

绩效工资主要体现工作人员的实绩和贡献。事业单位在核定的绩效工资总量内，按照规范的程序和要求，自主分配。实行绩效工资后，取消年终一次性奖金，将一个月基本工资的额度以及地区附加津贴纳入绩效工资。

津贴补贴，分为艰苦边远地区津贴和特殊岗位津贴补贴。艰苦边远地区津贴主要是根据自然地理环境、社会发展等方面的差异，对在艰苦边远地区工作生活的工作人员给予适当补偿。艰苦边远地区的工作人员，执行国家统一规定的艰苦边远地区津贴制度。

《收入分配改革方案》对岗位绩效工资制度的设计，贯彻了按劳分配与按生产要素分配相结合的原则，建立与岗位职责、工作业绩、实际贡献紧密联系和鼓励创新创造的分配激励机制。

《收入分配改革方案》颁发之后，人事部陆续出台《事业单位工作人员收入分配制度改革实施办法》（国人部发〔2006〕59 号）、《事业单位岗位设置管理试行办法》（国人部发〔2006〕70 号）、《〈事业单位岗位设置管理试行办法〉实施意见》（国人部发〔2006〕87 号）等重要政策文件，对事业岗位绩效工资政策实施的范围、事业单位岗位设置等方面作出了明确的规定。《事业单位工作人员收入分配制度改革实施办法》明确规定教育领域进行绩效工资改革。2007 年出台的《人事部 教育部关于印发高等学校、义务教育学校、中等职业学校等教育事业单位岗位设置管理的三个指导意见的通知》（国人部发〔2007〕59 号），对教育领域的岗位设置提出了明确的规定，为中小学校进行绩效工资改革创造了条件。义务教育学校岗位分为管理、专业技术和工勤技能三类岗位。从岗位等级上，管理岗位设置了十级职员岗位，专业技术岗位分高级、中级、初级三个岗位，高级岗位分七个等级，即一级至七级，其中正高级的岗位包括一级至四级，副高级的岗位包括五级至七级；中级岗位分三个等级，即八级至十级；初级岗位分三个等级，即十一级至十三级，其中十三级是员级岗位（实习）。每个岗位都有对应的工资级别和标准，对于自下而上的岗位晋升也有相应的规定。

2015年1月，为配合事业单位养老保险改革，《国务院办公厅转发人力资源社会保障部、财政部关于调整机关事业单位工作人员基本工资标准和增加机关事业单位离退休人员离退休费三个实施方案的通知》（国办发〔2015〕3号），规定从2014年10月1日起，调整机关事业单位工作人员基本工资标准。调整后的岗位工资标准，专业技术人员由550～2800元提高到1150～3810元，工人由70～915元提高到150～1855元。同时，将中小学教师的岗位工资和薪级工资标准提高10%。而且，实施方案还要求建立基本工资标准正常调整机制。这个实施方案为教师绩效工资政策的进一步改革提供了依据。2015年的岗位工资、薪级工资标准调整，被称为2015年工资套改。

4.《绩效工资指导意见》是我国中小学教师绩效工资政策改革的纲领性文件

2008年12月出台的《绩效工资指导意见》是义务教育学校进行教师绩效工资改革的基本政策依据，规定："按国家规定执行事业单位岗位绩效工资制度的义务教育学校正式工作人员，从2009年1月1日起实施绩效工资。"

《绩效工资指导意见》的实施不仅是贯彻《收入分配改革方案》的要求，也是解决当时我国中小学校教师工资问题的必要选择。在实施绩效工资之前，由于经济社会发展严重不平衡，在地区之间、城乡之间、学校之间，教师的工资待遇差距明显，特别是在一些偏远农村地区，教师的工资待遇不仅偏低，而且存在大量拖欠的问题（范先佐，付卫东，2011；尹力，2006）。有些地方甚至出现教师由于对工资不满而罢课的问题。在这种背景下，实施《绩效工资指导意见》有助于解决教师工资拖欠、教师工资过低问题，对于依法保障和改善义务教育教师特别是中西部地区农村义务教育教师的工资待遇，提高教师地位，吸引和鼓励各类优秀人才长期从教、终身从教，促进教育事业发展，都具有十分重要的意义。

《绩效工资指导意见》指出，教师绩效工资与津贴补贴合并，"将规范后的津贴补贴和原国家规定的年终一次性奖金纳入绩效工资总量"，要求在绩效工资总量上"逐步实现同一县级行政区域义务教育学校绩效工资水平大体平衡，对农村学校特别是条件艰苦的学校给予适当倾斜"。

《绩效工资指导意见》对绩效工资的构成进行规定，将绩效工资分成基础性绩效工资和奖励性绩效工资两部分。基础性绩效工资主要体现地区经济发展水平、物价水平、岗位职责等因素，占绩效工资总量的70%，具体项目和标准由县级以上人民政府人事、财政、教育部门确定；奖励性绩效工资主要体现工作量和实际贡献等因素，学校确定分配方案，在考核的基础上进行发放。而且，方案还要求在绩效工资中设立班主任津贴、岗位津贴、农村学校教师补贴、超课时津贴、教育教学成果奖励等项目。《绩效工资指导意见》明确要求充分发挥绩效工资分配的激励导向作用，根据考核结果，在分配中坚持多劳多得、优绩优酬，重点向一线教师、骨干教师和做出突出成绩的其他工作人员倾斜。

《绩效工资指导意见》还对学校绩效工资分配办法的制定过程提出具体的要求："学校制定绩效工资分配办法要充分发扬民主，广泛征求教职工的意见。分配办法由学校领导班子集体研究后，报学校主管部门批准，并在本校公开。"为了更好地贯彻落实《绩效工资指导意见》，2009年《教育部关于进一步做好义务教育学校实施绩效工资中教师队伍稳定工作的通知》(教人〔2009〕20号)对分配办法的制定作了更加详尽的规定，要求中小学校"把做好政策解释工作作为实施绩效工资改革的规定动作，把政策解释和思想政治工作作为实施绩效考核和奖励性绩效工资分配的关键步骤"，将义务教育学校实施绩效工资的主要政策，专门传达到每名教职工，传达后要主动听取教职工意见，认真答复、解释疑问。在实施过程中，"畅通教师反映意见的渠道"，要求中小学校"设立反映意见信箱并明确接待时间，由专人负责听取教师对实施绩效工资的意见。学校领导要主动了解教师思想动态，确保教师能够通过正常渠道反映意见和正当利益诉求"。

（四）有关教师绩效工资政策的研究

1. 国外教师绩效工资政策研究

国外绩效工资政策实施较早，相关研究也较早。在绩效工资改革方案的设计与实施中，无论是教育行政部门还是学术组织，比如美国范德堡大学皮博迪教育学院的国家绩效激励研究中心（National Center on Performance Incentives，NCPI）、美国威斯康星大学麦迪逊分校威斯康星教育研究中心的教育政策研究联盟项目（A Project of the Consortium for Policy Research in Education，CPRE）等都非常重视研究绩效工资，探讨绩效工资的各种问题（蔡永红，梅恩，2012）。

研究者对教师绩效工资的研究主要可以分为三类。

第一类是关于绩效工资的理论探讨。莫内恩和科恩（R. J. Murnane & D. K. Cohen，1986）使用微观经济学的框架分析了绩效工资政策，分析了大多数绩效工资政策失败的原因，并对绩效工资政策在教育情境下的适用性进行探讨。波德古斯基和斯普林格（Podgursky & M.G.Springer，2007）对教师绩效工资政策进行综合性的评述研究，分析教师绩效工资的发展历史、各种绩效工资政策的比较，列举不同地区的绩效工资政策。

第二类是关于教师绩效工资与学生学业成绩关系的研究。拉维（Lavy，2009）对以色列教师绩效工资与学生的学业成绩之前的关系进行研究，发现教师绩效奖励对学生的学习成绩有积极的影响，对教师的激励可能改变了教师的教学方法、课后教学，增加了对学生需求的回应。斯普林格等（2010）在纳什维尔城市学校系统从2006—2007学年到2008—2009学年进行了三年的实验研究，结果发现，绩效奖励项目对学生成绩没有任何显著影响。

第三类是关于教师绩效工资与教师表现的研究。从绩效工资政策开始实施就出现了大量教师绩效工资政策实施效果的研究，多采用问卷调查法、访谈法、实验法等方法。比如，巴罗和波德古斯基（1993）通过1987—1988年学校师资调查（Schools and Staffs），获得了美国大约5.6万位公立学校教师和1.15万位私立学校教师对绩效工资态度的数据，结果发现，实施绩效工资学区的教师没有出现士气低落或者敌视绩效工资，而且在学生能力较差的地区，教师通常支持绩效工资计划。

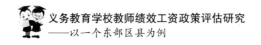
2.国内教师绩效工资政策研究

从 2008 年年底义务教育学校实施绩效工资政策以来，教师绩效工资政策已受到国内教育理论研究者、教育实践者的广泛关注，有关教师绩效工资的研究不断涌现。在 CNKI 数据库中，以"绩效工资"为篇名，检索 2008—2018 年的文献，可在 CSSCI 收录期刊（含拓展版）里检索到与教育有关的文章共 105 篇，其中有关义务教育学校教师绩效工资政策的文献有 81 篇。

笔者对义务教育学校教师绩效工资政策的 CSSCI 期刊文献进行梳理、分析，这些文章大体可分为三类。

第一类是理论思辨或经验研究，这一类数量最多（33 篇），可占到总数的 42.47%。研究者从多个学科视角解读绩效工资政策，如学校管理学、经济学、心理学、政策学等，研究内容也比较分散，主要是对绩效工资的制度设计、实施策略、实施情况等方面进行深入分析。李孔珍（2013）从学校组织变革的视角对绩效工资政策的执行模式进行分析，提出不同学校所采取的绩效工资政策执行模式主要有集体协作模式和个体绩效模式两种，这两种模式之间不存在优劣之分，只存在是否适合学校组织特征之别。杨挺（2010）从人力资本的视角审视了教师绩效工资政策，认为绩效工资的实质是学校通过契约对教师人力资本价值的价格标示，在绩效工资政策实施中必须正确认识教师人力资本与绩效的关系，制订有效的绩效考核标准，并营造学校良好的绩效文化。赵德成（2010a）运用期望理论、公平理论、认知评价理论等心理学理论分析如何设计绩效工资才能激励教师，认为中小学既要使教师有信心达成绩效目标，又要使绩效奖励满足教师的需要，吸引教师为目标达成而努力；既要根据教师工作绩效拉开收入差距，又要保证分配公平与程序公平；既要积极推进绩效工资计划，又要认识到物质奖赏的局限性。李根和葛新斌（2014）从政策学视角分析义务教育教师绩效工资政策执行困境，提出义务教育学校教师绩效工资政策的执行情况内化于中央政府逻辑、地方政府逻辑与义务教育学校逻辑的互动过程，不同的行动主体采取不同态度、行动和策略对特定政策加以"阐发"和"运作"是绩效工资政策执行困境形成的根源。

第二类是实证研究，通过问卷或访谈对绩效工资的实施过程和效果进行调查研究。这类文章有 26 篇。对这些研究的分析详见国内教师绩效工资政策评估研究部分。概括而言，这些论文具有以下特点：很多研究主要是分析教师绩效工资实施的成效或存在的问题；很多研究使用单一的研究方法，问卷调查法或访谈法；这些研究大多是在宏观层面展开的，较少关注微观的义务教育学校层面。

第三类是国际经验推介，即研究者从西方发达国家学习、吸收和借鉴有利于我国教师绩效工资政策实施的经验。这类文章有 22 篇，研究者主要分析美国、英国、澳大利亚、以色列等国家的绩效工资实践情况。在这些研究中，分析美国中小学教师绩效工资的数量最多。陈时见和赫栋峰（2009）分析美国公立中小学教师绩效工资改革的内外部影响因素，总结美国中小学教师绩效工资改革的经验。贾建国（2009）分析美国中小学教师绩效工资改革的集中典型模式，并总结中小学教师绩效工资改革的特点。蔡永红和梅恩（2012）深入分析美国中小学教师工资制度的历史变革，归纳总结美国教师绩效工资改革的特点。孟卫青（2011）探讨美、英、澳三个国家的教师绩效工资政策，分析三个国家的经验和问题。从已有研究来看，外国教师绩效工资政策经验可以归纳为：（1）教师绩效薪酬有充足的经费来源。政府拨款是公立中小学教师绩效工资经费的主要来源，社会资金是有益的补充。（2）建立绩效工资落实责任机制，监督绩效工资政策的落实。（3）建立完善的绩效评价系统。绩效评价结果是绩效工资发放的主要依据，提供高信度的、可靠的绩效评价分数是保障绩效工资政策有效实施的关键举措。（4）设计科学、合理、公正的绩效工资的制度。如何确定合理的绩效工资结构、基于不同的教职工设计合适的奖励性绩效工资比例，是发挥绩效工资政策激励作用的重要保障。（5）将绩效工资政策与教师专业发展有机结合起来。

除了期刊文献外，笔者还对近年来 CNKI 收录的硕博论文进行检索，在 CNKI 上检索 2008—2018 年关于中小学教师绩效工资政策研究的硕博论文，结果发现，从 2009 年以来，研究中小学教师绩效工资的硕博论文共有 136 篇，其中硕士论文有 133 篇，博士论文有 3 篇，2011—2014 年是研究的高峰期。对这些论文进行深入分析，可以得出以下结果。

在研究聚焦的问题上，有 129 篇论文对绩效工资政策的实施过程及效果进行分析，比如马洁（2012）分析了教师奖励性绩效工资激励效果。7 篇论文介

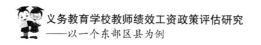

绍了美国、英国等发达国家的教师绩效工资实施状况，比如赫栋峰（2010）研究了美国公立中小学教师绩效工资改革。

在研究的方法上，除了7篇国际比较研究外，其他129篇采用实证研究方法，使用问卷调查法和访谈法研究中小学教师绩效工资政策在实践中的情况。如龙为（2013）对湖南省娄底市义务教育学校教师绩效工资改革进行研究，自编《义务教育学校实施绩效工资调查问卷》对9所义务教育学校进行问卷调查，而且还对部分教师、校长、学校管理人员实施了访谈。

在研究视角上，3篇博士论文有比较明确的视角，如全力（2010）从政策执行视角剖析国家教育政策对基层教育管理的影响研究，王贺（2015）、伍小兵（2016）从政策实施效果的视角分析教师绩效工资政策的实施情况。其他硕士论文多是调查研究一个区域或几所学校的教师绩效工资实施情况，了解绩效工资的实施效果，发现实施过程中的问题，提出相关的政策建议。比如刘祥辉（2010）以安徽六安市 X 区 Y 乡为个案研究农村义务教育教师绩效工资实施现状、问题与对策；肖晓（2014）以江苏省为例研究义务教育学校教师绩效工资分配情况。

综述这些论文可知，硕士论文对中小学教师绩效工资政策研究较多，但是这些研究多是对实际情况的调查，缺乏研究的视角，分析深度不够。仅有的3篇博士论文也没有从薪酬的视角对绩效工资政策进行分析。

三、教育政策评估

（一）教育政策评估的定义

综述已有研究可以发现，教育政策评估有广义和狭义之分。

广义的教育政策评估，主要是由我国教育研究者提出的，指的是对政策各个环节的评估。袁振国（1996）指出教育政策评估是指按照一定的教育价值标准，对教育政策对象及其环境的发展变化以及构成其发展变化的诸要素所进行的价值判断。胡伶（2008）认为教育政策评估是依照一定的标准和程序，对教育政策问题的确认、政策制定、执行、评估与变更的过程和效果及其影响因素进行的事实判断和价值判断，是一个贯穿教育政策周期的动态发展的活动过程。孙绵涛（2010）认为教育政策评估是指政策评估主体依据一定的价值标准，对教育政策方案、教育政策决策、执行及执行结果，以及教育政策的其他相关因素所进行的价值判断。

狭义的教育政策评估的定义起源于西方的政策评估。国际知名政策分析专家邓恩（W. N. Dunn，2010）指出政策制定过程由议程建立、政策形成、政策采纳、政策执行、政策评估等五部分构成。政策评估只是政策制定过程的一部分，它所回答的是"政策产生了什么样的影响"的问题。布尔默（M. Bulmer）认为政策评估是针对某项政策的成效进行有系统的评估。琼斯（C.O.Jones）认为评估的目的在于当政策开始执行以解决问题时，确定所制定的目标是否已经达成，或已经达成哪些目标（李允杰，丘昌泰，2008）。陈振明（2003）认为政策评估是依据一定的标准和程序，对政策的效益、效率及价值进行判断的一种政治行为，目的在于取得有关这些方面的信息，作为决定政策变化、政策改进和制定新政策的依据。褚宏启（2011）指出教育政策评估是评估主体依据一定的标准和程序，对教育政策的效率、效益及价值进行检测和评价的一种活动，目的在于判断教育政策的结果对于教育目标的达成度，并作为决定教育政策的继续、调整或更新的依据。

当然，这种狭义的政策评估不仅仅局限于确定政策目标是否达成，还关注到政策的制定过程。美国公共行政学者罗森布鲁姆（D. H. Rosenbloom）指出，政策评估的目的不仅在于检视某项政策是否达成预期的影响，更重要的是在于检视政策的执行是否妥适。奎德（E. S. Quade）指出政策评估是针对政策活动与其成效，进行价值判断（李允杰，丘昌泰，2008）。

（二）教育政策评估的模式

在政策评估实践中，有很多种评估模式。德国学者韦唐（Evert Vedung，1997）在《公共政策与项目评估》（*Public Policy and Program Evaluation*）一书中总结出了政策评估模式的系统分析框架。韦唐博士从政府干预的实质结果入手，按"组织者"的不同将评估模式分为三大类，即效果模式（effective models）、经济模式（economic models）和职业化模式（professional models）（陈振明，2003）。美国著名评估专家斯塔弗尔比姆（2007）在《评估模型》一书中，将评估模式划分为四类，分别是假评估模式、问题/方法取向评估模式（准评估研究）、改善/绩效问责取向评估模式和社会议题导向（倡议）模式，每一种模式又可细分为许多具体的模式。根据上述两位专家的观点，本研究主要借鉴以下四种评估模式。

1. 目标达成模式

目标达成模式源于拉尔夫·泰勒（Ralph W. Tyler）在 20 世纪三四十年代进行 8 年研究期间（1934—1942 年）所提出的课程评价理论，后来被美国学者斯塔弗尔比姆和马杜斯（D. L. Stufflebeam & G. F. Madus，1988）、德国学者韦唐（Vedung，1997）等人引入到政策评估领域。

目标达成模式主要由两部分组成：（1）目标达成评价。关注的是结果与政策目标是否一致。（2）影响评价。关注的是结果是不是由政策所造成的。应用目标达成模式要按三个步骤进行：第一，明确政策目标及它们的真正含义；第二，测定这些预定目标实际上可实现的程度；第三，弄清楚政策促使或阻碍目标实现的程度（陈振明，2003）。目标达成模式将预定目标和实际结果作对比，使政策评估更为客观和简捷（赵德成，2015）。这种模式操作起来简单，易于理解，特别适用于评估紧密聚焦的计划，即具有明确的、可支持的目标（斯塔弗尔比姆，2007）。但是目标达成模式只考虑了预定目标的结果，忽视了那些偶然发生的结果或意料之外的结果（陈振明，2003）。

依照目标达成模式，我们要先弄清楚中小学教师绩效工资政策的目标，然后设计可行、有效的评估方法，从中小学校收集能够证明这些政策目标实现的数据和材料，最后对这些数据与教师绩效工资政策目标进行比较，考察中小学教师绩效工资政策目标的达成程度。

2. CIPP 评估模式

CIPP 评估模式是由美国著名评估专家斯塔弗尔比姆于 20 世纪 60 年代末 70 年代初，在泰勒的目标达成模式的基础上提出的。斯塔弗尔比姆（2007）认为评估应为决策提供有效的信息，"评估最重要的目的不在证明，而是改进"（The most important purpose of evaluation is not to prove, but to give）；作为评估重要依据的目标本身是需要受到评估的；评估不仅应该关心目标达成程度（行为结果），还应关心目标是怎样筛选出来的，以及目标是怎样达成的（行为过程），从以目标为中心转向以决策为中心（赵德成，2015）。

基于这样的观点，斯塔弗尔比姆提出了 CIPP 评估模式。他认为一个完整的评估应该包括四个步骤，分别为"context（背景评估）""input（投入评估）""process（过程评估）""product（结果评估）"，CIPP 即是这四个方面英文单词的首字母。背景评估是以评估需求、问题和机会为基础，来界定评估目的及其优先级，并判断结果产出的重要性；投入评估是评估满足需求的各种候选途径，以作为规划方案和分配资源的手段；过程评估是评估计划的实施，以引导活动，并协助评估结果的解释；结果评估则经过确认预期与非预期的成果，以协助监测评估过程并决定评估的有效性（斯塔弗尔比姆，2007）。CIPP 评估的操作步骤参见图 2-3。但这里需要指出的是，这一模式并没有机械地要求每次评估一定要按步骤逐一开展 C、I、P、P 的评估（赵德成，2015）。评估者开展评估的起点可以在政策实施前，也可以在政策实施中，在执行任务过程中根据需要采用不同的评估策略，可以实施一种评估，也可实施多种评估（斯

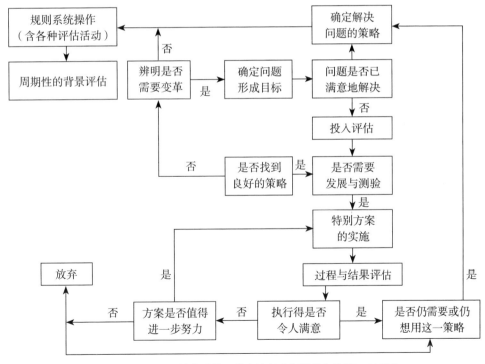

图 2-3　CIPP 评估在政策评估中流程（斯塔弗尔比姆，1989）

塔弗尔比姆，2007）。因此，评估焦点的选择受评估者评估介入的时间点以及委托方的意图、假设等因素影响。

CIPP 模式扬弃了目标达成模式的局限性，这种模式不仅仅关注结果目标的达成程度，还关注对政策进行背景评估、投入评估和过程评估，可以为管理者实施决策提供完整的依据。这种模式突出了评估的发展性功能，整合了诊断性评价、形成性评价和终结性评价，有利于对政策进行全方位的评价。

对中小学教师绩效工资政策的评估，是在教师绩效工资政策实施几年后进行的。基于评估介入的时间点以及评估者评估政策实施情况的意图，本研究对教师绩效工资政策进行过程评估和结果评估，不仅要评估绩效工资政策实施过程的现状，还要评估绩效工资政策的实施效果，为我国中小学教师绩效工资政策的调整提供重要依据。

3. 顾客导向模式

顾客导向模式，也有人称为消费者导向模式，认为顾客（消费者）的福祉应该是方案正当化的首要理由（斯塔弗尔比姆，2007）。顾客导向评估的核心是政策是否使顾客的关心、需要和期望得到满足（陈振明，2003）。在这一评估模式中，评估者不仅要关注顾客的需求，还要广泛收集顾客的意见和建议。这种模式有利于让政策制定者更容易识别顾客的需求情况，通过政策改进，提高顾客的满意度。但是顾客的价值标准是以个人利益倾向为准，多元化的个人价值难以形成对政策总的看法，而且广泛获取顾客的看法，需要花费很多的时间（陈振明，2003）。

在中小学教师绩效工资政策实施中，教师是政策的顾客，绩效工资政策实施得怎么样，应由教师来评估。所以，在中小学教师绩效工资政策评估过程中，要以广大的中小学教师为评估对象，广泛获取教师对绩效工资政策实施过程和实施效果的看法，收集他们的意见和建议，更好地体现以教师为本的管理理念，为绩效工资政策的改进提供有针对性的策略。

4. 利益相关者模式

利益相关者是指所有对教育政策的目标和执行感兴趣，并对其具有影响的团体和个人（褚宏启，2011）。与顾客导向模式相比，利益相关者关注的是更广泛的利益群体，包括所有对象。应用这一模式，首先要找出卷入或对项目的出台、执行和结果感兴趣的主要团体和个人（陈振明，2003）。重要的利益相关者包括：目标群体、直接受益者、直接管理（实施）者、资源提供者、其他社会组织和机构等。这一模式为那些目标不清楚的教育政策评估提供了解决问题的策略。但是它也存在忽视政策评估成本、耗费资源、利益相关者的外延难以界定等缺陷（褚宏启，2011）。需要说明的是，在政策评估中，我们不可能关注所有的利益相关者，只能是主要关注与政策实施密切相关的重要利益相关者。

在中小学教师绩效工资政策实施中，除了教师以外，学校领导干部（中层干部及以上）也是重要的利益相关者。在中小学校，领导干部往往是绩效工资政策的重要制定者和实施者，他们非常了解绩效工资政策的实施过程和实施效果。对教师绩效工资政策进行评估，也要以领导干部为调查对象，了解他们对绩效工资政策的意见和看法。

（三）教育政策评估的方法

信息是政策评估的基础，评估政策的过程其实也是收集信息、处理信息的过程。为了保证所获信息具有全面性、系统性和准确性，需要综合采用各种科学方法来收集信息（陈振明，2003）。教育政策评估方法主要有三种：量化研究方法、质性研究方法和综合性研究方法（福勒，2007）。

第二次世界大战后，随着政策研究逐渐走向科学化，受到理性主义、科学主义的影响，实证—经验主义（positivist-empiricism）逐渐在政策研究中占据支配地位，研究者采取一种对政策现象作类似于自然科学研究般的研究取向，即通过对政策现象作经验的观察（empirical observation）及实证的推论（positive deduction）以证立政策现象中恒固并具普遍性的因果关系（permanent and universal causality）；建基于这种因果关系，政策制定者就可对症下药地设计干预措施，并期望达到药到病除的政策效果（曾荣光，2011）。在这一时期，量化研究方法是被研究者广泛使用的方法。政策评估研究的取向就是在政策现场做调查研究，以量度有关政策效果是否得以实现及实现的程度（曾荣光，2011）。

20世纪70年代初，在社会科学领域出现了对教育中实证研究"价值无涉"的质疑。1974年，克隆巴赫（L. Cronbach）与坎贝尔（D. Campbell）不约而同地在美国心理学协会年会上对传统实证主义强调定量研究方法予以抨击（褚宏启，2011）。20世纪80年代，以古巴（Egon G. Guba）和林肯（Yvonna S. Lincoln）为代表的第四代评估对以往的定量方法进行了猛烈的批判，提出传统的理性典范已经使社会和行为科学的研究有长足的进步是错误的；质疑理性典范是其立基于一个不再被信任的知识论——实证主义（positivism）；理性典范是建立在一些公理（axiom）或假设上，而有些假设在社会/行为现象中很难实施（斯塔弗尔比姆，2007）。派顿（M. Q. Patton）在1990年认为过去的评估为量化的典范，强调的是评估者本身对于测量、统计分析与实验设计等量化方法的客观运用，而被评估者则绝对不能参与政策的评估（李允杰，丘昌泰，2008）。在这些背景下，质性研究方法逐渐被应用到教育政策研究中，教育政策研究范式更加多元。

实际上，很多研究者认为量化研究和质性研究是不矛盾的，可以在教育政策评估研究中采用混合研究方法（或综合研究方法）。泰德（M. G. Trend）曾指出整合定性与量化资料的必要性，他认为前者可以用来产生假设或描述过程，后者可用来分析结果或证实假设，这两种不同资料类型是可以互补的；因此，尽量使用多元方法，以提高研究的本质（李允杰，丘昌泰，2008）。采用质性和量化的方法可确保评估发现的深度、范围及可靠性（斯塔弗尔比姆，2007）。量化方法可以用一组有限的问题测量一大群人的反应，能进行资料的比较与分析，使我们拥有精简的、广泛的与一般性的研究发现；定性方法则能对少数的个案进行分析，产生深入而详细的信息，增加对个案与情境的了解（李允杰，丘昌泰，2008）。两种方法彼此可以互补，量化方法得到大规模的"硬"数据，而质性方法可以深挖数据背后丰富的故事，使表面的、比较肤浅的量化数据形象化、生动化，而且还可以进行三角互证，提高研究的信度与效度。

（四）教育政策评估指标

教育政策评估指标指的是从哪些方面对教育政策进行评估，涉及用什么来评估教育政策的问题。评价者必须确定指标，用于确定实现政策目标的程度如何，这是任何政策评估必不可少的一个环节（福勒，2007）。然而，对教育政策评估指标的精确定义并没有达成共识，有些指标属于量化指标，通过统计数值来考查政策的实现程度；有些指标属于定性指标，但也需要经过量化处理才能进行评价。福勒（F. C. Fowler，2007）认为，无论是量化指标还是质性指标，其目的都是提供理解政策质量的信息，以便更好地对政策进行修正。李允杰和丘昌泰（2008）则认为，政策评估指标强调以综合客观数据与伦理价值来衡量个别政策议题的成效与结果。

在评估设计过程中，选择评价每项政策目标的指标（如果可能，选择相互关联的多个指标）（福勒，2007），并对每个大指标进行分解，建立一个政策指标系统（李允杰，丘昌泰，2008），对于政策评估的实施具有非常重要的意义。政策指标系统的建立主要有两种机制：专家意见和民众参与（李允杰，丘昌泰，2008）。落到教育政策评估指标上，主要是通过教育研究和实践专家以及与教育政策有关的人员来建立。

在中小学教师绩效工资政策评估中，笔者将以合法性、公平性和实效性作为评估指标，对绩效工资政策的实施过程和效果进行全面、系统的评估。

四、教师绩效工资政策评估

（一）国外教师绩效工资政策评估研究

1. 教师绩效工资政策评估方法

随着绩效工资改革的实施，很多学者开始研究教师绩效工资政策的实施效果，他们的研究多为实证研究，采用的具体方法包括问卷调查法、访谈法、实验法和混合研究方法等。

问卷调查法是研究教师绩效工资政策实施效果最常用的方法。这种方法能在较短时间内收集到大量的数据，能够节约人力、财力和物力，而且所得数据便于进行定量分析。由于国外的绩效工资改革有很人的区域差异，所以，很多研究者基于某一学区或某一州进行研究，教师绩效工资政策实施效果的调查问卷多是由研究者自己编制的。

阿德金斯（G. K. Adkins，2004）调查了佛罗里达州李县学区教师绩效工资政策的实施效果，他根据期望理论、目标设置理论和公平理论开发出"教师绩效工资态度问卷"（Teacher Performance Pay Attitudinal Survey）。问卷由 28 道题目组成，其中，前 6 道题目是有关教师的个人信息，后 22 道题目涉及的是教师对绩效工资态度的内容，主要包括知识和理解、个人效能、对个人绩效的影响、教师绩效工资执行情况等方面。经验证，该问卷具有良好的信度和效度。

雅各布和斯普林格（B. Jacob & Springer，2008）对佛罗里达州希尔斯堡县学区的教师进行调查，问卷由研究者自己编制，主要包括个人对绩效工资的一般看法、个人对识别绩效表现好教师采用方法的看法和个人自我报告对佛罗里达州绩效工资改革的了解和看法。

福兰德（S. J. Forand，2012）对美国罗德岛州东普罗维登斯市的教师进行调查，他采用奥尔布莱特（M. P. Albright）2011 年在其博士论文《绩效工资的优点》（*The Merit of Merit Pay*）中编制的问卷，问卷包括教师对绩效工资的态度和信念、对绩效工资结果的认识、对绩效工资实施情况的评价等维度。问卷的克伦巴赫 α 系数达到 0.60，符合测量学要求。

访谈法也是学者采用较多的一种实证研究方法。与问卷调查法相比，尽管访谈法耗时、耗力且很难在大范围内实施，外部效度无法保证，但是它能够收集到更为深层次的信息，既能够分析现状，也能够挖掘原因，所以它也是一种很好的方法。

亨曼（1998）对夏洛特－梅克伦堡学校教师针对学校绩效奖励制（School-based Performance Award Program）的认识进行访谈，选取 12 所学校，每所学校选择 3—8 名教师进行座谈，访谈提纲是基于期望理论编制的，访谈内容主要包括绩效目标、期望、胜任力、推动因素、奖金和其他结果。凯莉（C. Kelley，1998）在 1996 年对肯塔基州实施学校绩效奖励项目的 16 所小学、初中和高中进行调查，对校长和部分教师实施了访谈调查。

实验法也是研究绩效工资政策实施效果的重要方法，通过实验组和控制组探讨绩效工资的实施效果。实验法可以探讨绩效工资与教师的表现或学生成绩之间是否存在因果关系，而且通过实验获得数据比较科学、客观。但这种方法耗时长，对研究者的研究素养要求高。

斯普林格等（2010）在纳什维尔城市学校系统从 2006—2007 学年到 2008—2009 学年进行 3 年的实验研究，296 名初中数学教师自愿参与这个绩效奖励项目。这些教师被随机分为实验组和控制组，如果他们学生的数学成绩能在学区里达到第95百分位，分在实验组的老师能够得到1.5万美元的奖金。如果他们学生的数学成绩能在学区里达到第80百分位和第90百分位，那么他们能够分别获得5000美元和10000美元的奖金。穆拉利德哈拉和圣拉达曼（K.Muralidharan & V.Sundararaman，2011）在印度安得拉邦公立农村小学进行实验研究，参加绩效奖励项目的学校学生成绩达到平均的改进水平，教师就能够获得年薪的3%作为奖励。

单一的方法都有一定的缺陷，所以不少研究者采取混合研究方法，综合使用问卷调查法和访谈法两种方法。例如，约翰逊（V. Jackson）等（2012）综合使用问卷调查法和访谈法研究了印第安纳州教师绩效工资政策的实施效果。凯莉（1999）对实施学校绩效奖励项目（school-based performance award，SBPA）的肯塔基、夏洛特-梅克伦堡、道格拉斯县、马里兰等地区开展访谈和问卷调查，对学校绩效工资激励教学实践改进的方式进行探讨。

2. 影响教师绩效工资政策评估的因素

研究者多从教师人口统计学变量和学校背景变量，研究影响教师对绩效工资政策实施效果评价的因素。

教龄是影响教师对绩效工资政策实施效果评价的重要因素。研究发现，与教龄较短教师相比，拥有较长教龄的教师更倾向于反对绩效工资。他们认为绩效工资的实施容易破坏和谐、融洽的教师团队氛围，造成教师之间的激烈竞争，导致摩擦和矛盾（Jacob，Springer，2008；Goldhaber，DeArmond，DeBurgomaster，2011；Forand，2012）。

是否为教师工会成员是影响教师对绩效工资政策实施效果评价的重要因素。阿德金斯（2004）研究发现，与非工会成员比，教师工会成员在对绩效工资带来的个人教学效能、负面影响和公平感等方面的认识表现为更多的不赞同，表明教师工会成员对绩效工资计划持反对态度，这一结果与其他研究中的发现相一致（English，1983；Lieberman，1997）。教师工会是重要的教师组织，为教师争取了很大的权利，但一直以来，教师工会反对绩效工资改革计划，成为历次绩效工资改革失败的重要原因。

学生质量是影响教师教学成绩的重要因素，教授不同质量学生的教师对绩效工资政策实施效果的评价也是不同的。研究发现，教授学生成绩表现差的教师比其他教师更支持绩效工资计划（Ballou，Podgursky，1993；Goldhaber，DeArmond，DeBurgomaster，2011）。

学校类别（小学、初中和高中）也是影响教师对绩效工资政策实施效果评价的因素。一些研究发现，与初中和高中教师相比，更多的小学教师反对绩效工资计划（Jacob，Springer，2008；Forand，2012）。但是也有研究得出了相反的观点，认为小学教师更支持绩效工资计划（Adkins，2004）。由于小学与中学教师在教学内容、难度上有很大的差异，教师对绩效工资的认识存在差异也是可以理解的，但已有研究结果出现了相反的结论，所以，有关不同学校类别的教师对绩效工资的认识有待继续研究。

学校类型（公立、私立和特许学校）是影响教师对绩效工资政策实施效果评价的重要因素。研究发现，与私立学校和特许学校的教师相比，有更大比例的公立学校教师反对绩效工资（Ballou，Podgursky，1993；Podgursky，Springer，2007）。长期以来，公立学校教师已经习惯了以教龄和学历水平为基础的固定工资制，而私立学校和特许学校管理类似于企业管理，教师已经适应以绩效评价为基础的绩效工资制。

3. 教师绩效工资政策实施效果评估

国外教师绩效工资政策实施效果研究，大致可分为两种。第一种研究是以学生成绩为因变量，分析教师绩效工资与学生成绩之间的关系；第二种研究是以教师表现为因变量，探讨教师绩效工资与教师表现或认知的关系。实际上，这两种研究是紧密结合的，因为教师绩效工资对学生成绩的影响，主要是通过影响教师表现来实现的。

在第一种研究中，很多研究者研究了教师绩效工资与学生学习成绩的关系，有些研究结果显示绩效工资对学生学习成绩有积极的影响，但也有研究发现绩效工资对学生学习成绩没有影响。格伦（P. Glewwe）等（2010）对肯尼亚1998年参加绩效工资项目的 4 ～ 8 年级教师进行实验研究，通过对比控制组和实验组发现，实验组学校学生的成绩高于控制组学校。菲格里奥和肯尼（Figlio & L. W. Kenny，2007）利用在美国调查得到的几组不同数据，系统研究个人教师绩效工资和学生成绩之间的关系。结果表明，实施个人教师绩效工资学校的学生成绩明显高于未实施绩效学校的学生成绩。拉维（2009）对以色列学校绩效工资对学生学习成绩的影响进行了实验研究，比较绩效工资计划实施前后学生学习成绩的变化发现，绩效奖励对学生的平均学习成绩起到了积极的改进作用。

在第二种研究中，很多研究者研究了教师绩效工资与教师表现的关系，有些研究结果显示绩效工资对教师表现有积极的影响，但也有研究发现绩效工资对教师表现没有影响甚至出现负面影响。迪弗洛（E. Duflo）和里安（H. S. P. Ryan）等（2012）在印度农村随机抽取了80所学校进行实验研究，结果发现，与控制组学校教师相比，参加经济奖励项目的实验组学校教师的旷工率显著降低，下降21个百分点。朱斯（M. Gius, 2013）对美国公立学校大约32020名教师使用自编工作满意度问卷进行调查。结果发现，在实施绩效工资的学区里，收到绩效工资的教师比没有收到绩效工资的教师有更高的工作满意度水平。阿德金斯（2004）采用问卷调查法对佛罗里达州李县学区的1000位教师和176位管理者对绩效工资的认识进行调查。结果发现，无论是教师还是管理者都不认为绩效工资具有激励性，绩效工资并没有激励教师努力改进学生的学业成绩，没有发挥鼓励教师参与专业发展和积极改变教学实践的作用。

从已有研究来看，国外教师对绩效工资政策实施效果的评价仍有争议。究其原因，可能有两点：一是不同国家有不同的绩效工资计划，在同一国家实施绩效工资的州或者学区有不同的绩效工资计划，有的实行个人绩效工资，有的实行学校绩效工资，而且具体绩效工资方案也有很大的差异，这是造成教师对绩效工资认识存在差异的一个原因；二是有关教师绩效工资政策实施效果的研究方法多样，有的使用问卷法、访谈法、实验法等单一方法，还有的使用问卷法、访谈法相结合的混合方法。再加上不同研究者自身的研究能力和背景，对研究方法的使用可能存在一定的不规范性，这也可能是导致研究结果有差异的原因。

（二）国内教师绩效工资政策评估研究

从前面的绩效工资政策研究综述看，国内研究很少直接对教师绩效工资政策评估，而多是以教师绩效工资政策的成效或问题来进行研究。在已有研究

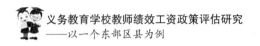

中，多数研究使用的是问卷调查法，少数研究使用访谈法。

对相关研究进行综述，将已有文献研究内容大致分为绩效工资政策成效和问题两类。

中小学教师绩效工资政策在实施过程中，取得一定成效。如范先佐、付卫东（2011）对中部 4 省 32 县（市）调研发现，绩效工资政策初步解决了教师收入偏低、与当地同级别公务员平均工资水平差距拉大的问题；保证了同一县域内教师工资水平大体平衡，促进县域内义务教育的均衡发展；充分调动了广大教职工的工作积极性，大大促进学校教育教学质量的提高。安雪慧（2015）于 2013 年 9—11 月对全国东、中、西部三个区域的 16 个省（直辖市、自治区）9183 位教师进行问卷调查，研究发现，义务教育学校绩效工资政策实施几年来，各地进行了有效落实，且绩效工资政策力度不断提升，教师工资结构逐步趋于合理规范，但各地仍有差距；绩效工资向不完全小学、教学点等义务教育学校倾斜，向农村学校和县镇学校倾斜，县域内教师工资水平逐步平衡；在学校内部，不同岗位之间教师绩效工资存在差异性，绩效工资越来越体现教师教学业绩；绩效工资对改善教师教育教学行为有一定的导向和激励作用，且呈现出分选效应特点。诸东涛等（2015）、王贺（2015）、宁本涛（2015）研究发现，义务教育学校绩效工资政策实施后，提高了教师的工资待遇。

已有研究更多的内容关注教师绩效工资政策在实施中存在的问题。容中逵（2012）对浙江 6 地进行实地调研，以教育行政部门、中小学校长、教师为访谈对象，发现教师绩效工资政策在具体实施过程中导致教师教育教学失力失责，校长在行政管理中失权失职，城乡教师流动失衡失序等不良问题，也引发教师职业及其声誉失信失效，绩效考核操作重权重利等潜藏危机。宁本涛（2014，2015）分别对西部 Q 市 Y 区和上海市 P 区中小学教师进行调查，研究发现，绩效工资实施后，教师们认可度普遍不高，工作积极性及行为转变不大，甚至出现了激励负效应。王贺（2015）对全国范围内的义务教育学校进行问卷调查，结果发现，义务教育学校教师平均工资水平仍然低于国家公务员平均工资水平，同一县级行政区域义务教育教师工资均衡未能实现，绩效工资分配公平性缺失，政策对教师工作积极性激励不够。诸东涛等（2015）研究发现，义务教育学校存在绩效工资政策设计的不公平和实施方案的缺失等问题。

孟卫青（2016）综合使用内容分析法和访谈法对奖励性绩效工资方案设计存在的问题进行研究，结果发现，奖励性绩效工资政策存在着与学校战略目标脱节、显性指标考核为主、量化技术主导、分配方式单一等问题。

五、已有研究述评

1. 国外教师绩效工资政策评估研究述评

通过综述发现，无论是教师绩效工资政策实践还是研究上，西方都走在前面，涌现出大量研究，取得一些研究成果，但也存在一些问题，主要有：（1）学者们很少从教育政策评估的视角出发，对绩效工资政策进行全面分析；（2）研究者多以激励理论为框架分析绩效工资政策，很少以薪酬目标作为评估标准进行研究；（3）已有调查研究多是国家、学区层面的调查，较少从学校层面开展研究；（4）研究者很少采用综合量化和质性的混合研究方法展开研究。

2. 国内教师绩效工资政策评估研究述评

国内有关教师绩效工资政策的研究起步较晚，对已有研究进行综述后，发现当前研究存在以下问题：（1）已有实证研究缺乏从政策评估的视角切入，很少使用评估模型分析绩效工资政策的实施过程和效果；（2）研究者多采用单一的研究方法，较少采用混合研究方法开展研究；（3）已有调查研究多数是宏观层面的调查，较少从微观的学校层面开展研究；（4）很少有研究具体分析中小学校绩效工资政策的方案，缺乏一手的资料。

通过对国内外研究述评可知，当前对教师绩效工资政策评估的研究，较少从政策评估的视角出发，采用混合研究方法进行深入系统的研究。因此，以多个利益相关群体为调查对象，从政策评估的视角对中小学教师绩效工资政策进行系统的评估，对于我国的教师绩效工资研究、绩效工资政策的改进和有效落实，都具有非常重要的意义。

第三章　研究设计与意义

本章主要介绍整个研究的设计与意义，具体包括核心概念界定、分析框架、总体研究设计、研究方法、研究意义等内容。严谨的研究设计，可以确保最终研究结果和结论的可信性和说服力。

一、核心概念界定

依据《收入分配改革方案》和《绩效工资指导意见》两个主要政策，本部分对岗位、工资、基本工资、绩效工资、绩效工资政策、绩效工资政策评估等重要概念进行操作化界定。

（一）岗位

我国中小学校实行岗位管理。按照我国事业单位岗位设置管理制度，义务教育学校岗位分为管理、专业技术和工勤技能三类岗位。管理岗位设置了从一级至十级的十级职员岗位。专业技术岗位分高级、中级、初级，高级岗位分七个等级，即一级至七级，其中正高级的岗位包括一级至四级，副高级的岗位包括五级至七级；中级岗位分三个等级，即八级至十级；初级岗位分三个等级，即十一级至十三级，其中十三级是员级岗位（实习）。工勤技能岗位包括技术工岗位和普通工岗位，其中技术工岗位一级至五级共五个等级，普通工岗位不分等级。事业单位中的高级技师、技师、高级工、中级工、初级工，依次分别对应一级至五级工勤技能岗位。实际上，义务教育学校没有设置管理岗位，绝大多数岗位为专业技术岗位，还有少量的工勤技能岗位。每个岗位都有对应的工资级别和标准，对于自下而上的岗位晋升也有相应的规定。

（二）工资

在本研究中，工资是指基于劳动关系，雇主根据劳动者提供的劳动数量和质量，按照法律规定或劳动合同约定，以货币形式直接支付给劳动者的劳动报酬。本研究使用广义的工资外延，包括基本工资、绩效工资、津贴和补贴等，还包括由单位代扣、代缴的个人应缴纳的社会保险金和个人收入所得税等。

（三）基本工资

教师工资包括基本工资和绩效工资两部分，研究绩效工资，也需要弄清楚基本工资的相关概念。按照 2006 年颁布的《收入分配改革方案》，教师的岗位工资和薪级工资合称为基本工资。《事业单位工作人员收入分配制度改革实施办法》（国人部发〔2006〕59 号）又规定，"中小学教师、护士的岗位工资和薪级工资标准在原有基础上提高 10%"，于是教师工资中增加了一个 "10% 工资"。岗位工资、薪级工资和 10% 工资加起来，构成教师的基本工资。

岗位工资主要体现工作人员所聘岗位的职责和要求。薪级工资主要体现工作人员的工作表现和资历，工作人员按照本人套改年限、任职年限和所聘岗位，结合工作表现，套改相应的薪级工资。

（四）绩效工资

从理论上来看，绩效工资指的是与员工绩效相联系的工资。但本研究采用的是《绩效工资指导意见》中的概念。在《绩效工资指导意见》中，绩效工资是中小学教师总体工资的一部分，包括津贴补贴。《绩效工资指导意见》规定："义务教育学校实施绩效工资同清理规范义务教育学校津贴补贴结合进行，将规范后的津贴补贴和原国家规定的年终一次性奖金纳入绩效工资总量。"也就是说，本研究的绩效工资指的是绩效工资与津贴补贴合并而成的绩效工资总量。

依照《绩效工资指导意见》，绩效工资分为基础性绩效工资和奖励性绩效工资两部分。基础性绩效工资主要体现地区经济发展水平、物价水平、岗位职责等因素，占绩效工资总量的 70%，具体项目和标准由县级以上人民政府人事、财政、教育部门确定；奖励性绩效工资主要体现工作量和实际贡献等因素，占绩效工资总量的 30%，在考核的基础上，由学校确定分配方式和办法。

（五）绩效工资政策

本研究使用的是广义的政策概念。在此定义下，绩效工资政策不仅指的是国家以及各级教育行政管理部门、中小学校制定的绩效工资配套政策文本，还包括政策实施的活动过程。

（六）绩效工资政策评估

第 2 章综述中提到，教育政策评估有广义和狭义之分。本研究采用狭义的教育政策评估定义，认为绩效工资政策评估是依据一定的标准和程序，对绩效工资政策实施过程及成效进行的价值判断。

二、分析框架

（一）薪酬模型

薪酬模型（见图 3-1）是米尔科维奇和纽曼在《薪酬管理》一书中提出来的。从图 3-1 中可知，薪酬模型由三个模块组成，左边是政策，中间是技术，右边是目标。政策是每个雇主设计薪酬体系时所必须考虑的，是指导薪酬管理达到既定目标的行动纲领。它包括四种政策选择：内部一致性（组织内部不同工作之间或不同技能水平之间的比较）、外部竞争性（与竞争对手的薪酬比较）、员工贡献（强调对绩效付酬）和薪酬管理（确保以正确的方式完成正确目标的员工能够获得正确的报酬）。政策的落实，需要具体的设计技术，技术所起到的作用是把四种政策与薪酬目标联系起来。薪酬目标是设计薪酬体系要达到的某些特定目标，概括起来包括合法、公平和效率（米尔科维奇，纽曼，2008）。

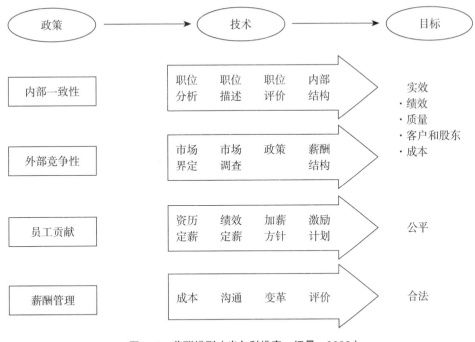

图 3-1　薪酬模型（米尔科维奇，纽曼，2008）

合法意味着政策要合乎法律的规定。这里的合法与哲学、社会学的概念是不同的。著名哲学家哈贝马斯（Jürgen Habermas，1989）在《交往与社会进化》中指出："合法性意味着，对于某种要求作为正确的和公正的存在物而被认可的政治秩序来说，有一些好的根据。"这一概念中的合法性包含公平正义。而在工资研究领域，合法通常采用狭义的理解，指的是合乎法律文件的规定。它是组织进行薪酬设计与实施的最基本前提，要求组织实施的薪酬政策符合国家的法律、政策要求（李永周，2013）。合法既要求薪酬政策的制定过程符合法律法规、政策条例规定的程序，又要求薪酬政策的内容与法律、政策中的规定相一致。除此之外，员工对合法性的感知，也是衡量薪酬政策合法性的重要方面。

公平是组织进行薪酬设计与实施的基本原则。公平主要分为两个层面：程序公平和分配公平。程序公平与薪酬决策的过程有关，关注的是人们对程序是否公平的感知。当程序符合某种特定的规范或原则时，人们会认为程序是公平的（蒋昕，2011）。参照华莱士和费伊（1988）、林淑姬（1992）、蒋昕（2011）

等的研究，程序公平包括四个维度，即公开、参与、沟通、申诉。分配公平关注的是人们对分配结果是否公平的感知。亚当斯（1963）在对薪酬分配与员工积极性关系进行研究后指出，员工十分关心自己在组织中所获得的回报是否公平。这种公平是社会比较的结果，即员工将自己的投入 / 收获比例与同单位的同事或不同单位但做同样工作的人进行比较，然后得出的一种认知判断。当个体感受到不公平时，他的积极性就会出现不同程度的下降，他会采用不同的反应方式恢复公平，而多数恢复公平的办法都带有破坏性，对组织发展不利。按照选择不同的参照者，分配公平可以分为外部公平、内部公平和个人公平。

效率（或称实效）是衡量薪酬政策得失成败的一个重要标准。米尔科维奇和纽曼（2008）将效率目标进一步细化为两个方面：提高绩效、改进质量、取悦客户和股东；控制劳动成本。从他们的划分来看，效率关注的是薪酬政策是否起到良好的效果。一个组织实施的薪酬政策是否从整体上有效提高员工的工作积极性、提高员工的工作士气，是否能够激励员工提高绩效等，都是其是否有实效性的重要体现。

薪酬模型提出的薪酬目标，为我们进行教师绩效工资政策评估提供了评估标准。本研究将从合法性、公平性和实效性三个方面对中小学教师绩效工资政策进行深入系统的评估。

（二）CIPP 评估模式

CIPP 模式是由斯塔弗尔比姆提出来的，CIPP 分别是 "context（背景）""input（投入）""process（过程）""product（结果）" 的首字母拼写而成的，也就是说它是由背景评估、投入评估、过程评估和结果评估四个模型组成的。这一模式关注的是政策的全过程，评估最重要的目的在于改进（斯塔弗尔比姆，2007）。CIPP 模式已被应用于方案、计划的评估中，在具体运用的时候可以灵活应用四个模型。斯塔弗尔比姆（2007）指出，评估者在执行任务过程中可根据需要采用不同的评估策略，可以实施一种评估，也可实施多种评估。

本研究主要使用 PP 模式，对绩效工资政策的过程和结果进行评估，这不仅符合我们对政策的理解，也与研究者的意向和评估介入的时间点一致。中小学教师绩效工资政策已经实施几年，对绩效工资政策目标及如何实现目标的手段合理性进行分析已经不是政策评估的重点，绩效工资政策的实施过程以及实施效果才是当前政策评估的重点。

对绩效工资政策的过程评估，关注的是政策实施的整个过程。绩效工资的宏观政策是由国家教育行政部门制定的，但具体到学校层面的政策方案则是由学校制定的。对绩效工资政策的过程评估，实际上是对中小学教师绩效工资政策方案制定实施过程的评估。对绩效工资政策的结果评估，关注的是中小学教师绩效工资政策方案的实施效果，评估分配方案预期与非预期的结果，以及正向与负向的结果（斯塔弗尔比姆，2007）。

（三）绩效工资政策评估框架

本研究将合法性、公平性、实效性作为评估标准，以过程评估和结果评估作为分析模式，主要是基于以下几点考虑：（1）我国中小学教师绩效工资政策的目标是"依法保障和改善义务教育教师特别是中西部地区农村义务教育教师的工资待遇，提高教师地位，吸引和鼓励各类优秀人才长期从教、终身从教，促进教育事业发展"，与薪酬模型中的合法、公平、实效的薪酬目标相一致；（2）薪酬目标既能体现在绩效工资政策的实施过程中，也能反映在政策的实施效果上，适用于 PP 评估模式分析；（3）薪酬模型被广泛应用于薪酬研究中，CIPP 评估模式被常用于政策评估领域，都取得了良好的效果。

本研究以合法性、公平性、实效性作为评估标准，以过程评估和结果评估作为分析模式，构建中小学教师绩效工资政策评估框架（见表 3-1）。从框架结构可以看出，从过程和结果两个方面评估中小学教师绩效工资政策所体现的合法性和公平性，绩效工资政策的实效性主要体现在绩效工资政策的结果上。

表 3-1　中小学教师绩效工资政策评估框架

	合法性	公平性	实效性
过程评估	·贯彻校长负责制，校长对政策制定负责 ·领导班子民主讨论，集体讨论形成政策初步方案 ·教代会代表参与方案讨论，集体表决形成正式方案 ·教师在政策实施过程中的申诉权利	·公开：绩效工资方案、绩效考核方案、绩效考核结果、工资条 ·参与：参与方案制定、学校考虑教师意见 ·沟通：解读方案、听取教师意见 ·申诉：建立专门申诉渠道、给予教师满意回复	—
结果评估	·体现"教师平均工资水平不低于当地区县公务员平均工资水平" ·体现"多劳多得，优劳优酬" ·体现"县域均衡，适当向农村教师倾斜" ·体现"向一线教师、班主任倾斜"	·外部公平：与本区其他学校、与其他区域学校、与其他行业的比较 ·内部公平：反映出不同职位的贡献、体现"多劳多得，优绩优酬" ·个人公平：反映个人努力程度、反映个人绩效	·组织承诺：情感承诺、持续承诺、规范承诺 ·职业承诺：情感承诺、持续承诺、规范承诺 ·工作满意度：工作本身、薪酬、领导、同事 ·工作投入：活力、奉献、专注

中小学教师绩效工资政策评估框架具体分析如下。

1. 中小学教师绩效工资政策过程合法性评估

过程合法，也可称为程序合法，主要是指政策整个制定实施过程符合法律、政策规定的程序（金国坤，2002）。评估中小学教师绩效工资政策的过程合法，就是要评估中小学教师绩效工资政策遵循法律、政策规定的程序的程度。梳理有关法律、政策及相关文件，中小学教师绩效工资政策实施应该遵循四个程序，即校长负责、领导班子集体决策、教代会集体决策、教师申诉。

（1）校长负责的法律、政策依据。1995年实施的《中华人民共和国教育法》第3条明确规定："学校的教学及其他行政管理，由校长负责。"我国教育领域最高法律明确了校长的职责。《教育规划纲要》强调，"完善普通中小学和中等职业学校校长负责制"。2012年出台的《教育部关于印发〈全面推进依法治校实施纲要〉的通知》（教政法〔2012〕9号）指出，"中小学要健全校长负责制，建立有教师、学生及家长代表参加的校务委员会，完善民主决策程序"。2013年颁发的《教育部关于印发〈义务教育学校校长专业标准〉的通知》（教师〔2013〕3 号）将引领教师成长作为校长的重要职责，要求校长"维护和保障教师合法权益和待遇，关爱教师身心健康，建立优教优酬的激励制度"。

（2）领导班子集体决策的法律、政策依据。2005 年，中共中央印发的《建立健全教育、制度、监督并重的惩治和预防腐败体系实施纲要》规定："加强对领导机关、领导干部特别是各级领导班子主要负责人的监督。……凡属重大决策、重要干部任免、重大项目安排和大额度资金的使用，必须由领导班子集体作出决定。"政策明确要求"重大决策、重要干部任免、重大项目安排和大额度资金的使用"等三重一大项目，由领导班子集体决策。2008 年的《绩效工资指导意见》强调，"学校制定绩效工资分配办法要充分发扬民主，广泛征求教职工的意见。分配办法由学校领导班子集体研究后，报学校主管部门批准，并在本校公开"。2011 年 4 月，教育部发布了《教育部关于进一步推进直属高校贯彻落实"三重一大"决策制度的意见》（教监〔2011〕7 号），要求教育部直属高校凡属"三重一大"事项必须由领导班子集体研究作出决策。虽然教育部没有关于中小学"三重一大"的政策，但是当前各地方教育行政部门要求中小学校按照"三重一大"事项决策。教师绩效工资政策属于中小学校的重大政策，需要经过领导班子集体决策通过。

（3）教代会集体决策的法律、政策依据。1995 年实施的《中华人民共和国教育法》第 3 条明确规定："学校及其他教育机构应当按照国家有关规定，通过以教师为主体的教职工代表大会等组织形式，保障教职工参与民主管理和监督。"我国教育领域最高法律对学校决策作了具体要求，明确了教职工代表大会的地位。2009 年出台的《教育部关于进一步做好义务教育学校实施绩效工资中教师队伍稳定工作的通知》（教人〔2009〕20 号）规定："学校在研究制订本校绩效考核具体办法和奖励性绩效工资分配办法时，要经过本校教职工充分讨论，并在校内公示，让广大义务教育学校教职工真正参与到制度建设和实施的过程中。"2012 年，《全面推进依法治校实施纲要》强调，"要落实《学校教职工代表大会规定》，充分发挥教职工代表大会作为教职工参与学校民主管理和监督主渠道的作用"。2014 年，为落实义务教育治理体系，教育部制定的《教育部关于印发〈义务教育学校管理标准（试行）〉的通知》（教基一〔2014〕10 号）明确指出，"健全教职工代表大会制度，涉及教职工切身利益及学校发展

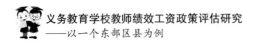

的重要事项，提交教代会讨论通过"。

（4）教师申诉的法律、政策依据。1994年实施的《中华人民共和国教师法》（以下简称《教师法》）第39条提出："教师对学校或者其他教育机构侵犯其合法权益的，或者对学校或者其他教育机构作出的处理不服的，可以向教育行政部门提出申诉，教育行政部门应当在接到申诉的三十日内，作出处理。"2009年出台的《教育部关于进一步做好义务教育学校实施绩效工资中教师队伍稳定工作的通知》（教人〔2009〕20号）规定："学校在研究制订本校绩效考核具体办法和奖励性绩效工资分配办法时，要把实施办法研究制订过程作为集中群众智慧、进行政策宣传、统一思想认识的过程，真正使教职工理解、支持、参与、监督实施工作。"2014年《义务教育学校管理标准（试行）》指出，"建立师生申诉调解机制，畅通师生权利的救助渠道"。

2. 中小学教师绩效工资政策结果合法性评估

结果合法，主要指的是中小学教师绩效工资政策文本符合法律、法规的规定。评估中小学教师绩效工资政策的结果合法，就是要评估中小学教师绩效工资政策文本遵循法律、政策规定的程度。梳理有关法律、政策及相关文件，中小学教师绩效工资政策实施应该遵循四个规定，即教师平均工资水平不低于当地公务员的平均工资水平；多劳多得，优劳优酬；县域均衡，适当向农村教师倾斜；向一线教师、班主任倾斜。

（1）"教师平均工资水平不低于当地公务员的平均工资水平"的法律、政策依据。1994年实施的《教师法》对教师待遇提出了明确要求："教师的平均工资水平应当不低于或者高于国家公务员的平均工资水平，并逐步提高。"2006年6月29日修订通过的《中华人民共和国义务教育法》（以下简称《义务教育法》）在第31条强调："教师的平均工资水平应当不低于当地公务员的平均工资水平。"《绩效工资指导意见》规定："义务教育教师规范后的津贴补贴平均水平，由县级以上人民政府人事、财政部门按照教师平均工资水平不低于当地公务员平均工资水平的原则确定。"2009年出台的《教育部关于进一步做好义务教育学校实施绩效工资中教师队伍稳定工作的通知》指出："义务教育学校教师平均工资水平不低于当地公务员平均工资水平，是对同一县域内义务教育学校全体教师平均工资水平与全体公务员平均工资水平的比较。""教师平均工资水平不低于当地公务员的平均工资水平"不仅在相关法律、绩效工资政策里得到体现，也是我国其他政策的要求。2010 年颁发的《国家中长期教育改革和发展纲要（2010—2020 年）》提出："依法保证教师平均工资水平不低于或者高于国家公务员的平均工资水平，并逐步提高。"2012 年出台的《国务院关于加强教师队伍建设的意见》规定："依法保证教师平均工资水平不低于或者高于国家公务员的平均工资水平，并逐步提高。"2018 年颁布的《新时代教师队伍建设意见》指出："核定绩效工资总量时统筹考虑当地公务员实际收入水平，确保中小学教师平均工资收入水平不低于或高于当地公务员平均工资收入水平。"这些都要求中小学教师绩效工资应体现"教师平均工资不低于当地公务员的平均工资水平"的规定。

（2）"多劳多得，优劳优酬"的法律、政策依据。1995 年正式实施的《劳动法》在第 46 条指出："工资分配应当遵循按劳分配原则。"2008 年的《绩效工资指导意见》规定："充分发挥绩效工资分配的激励导向作用。根据考核结果，在分配中坚持多劳多得，优绩优酬。"政策对"多劳多得，优劳优酬"的规定，打破了平均主义"大锅饭"的局面，保障了中小学教师"干与不干不一样、干多干少不一样、干好干坏不一样"。

（3）"县域均衡，适当向农村教师倾斜"的法律、政策依据。我国教育已经进入全面提升教育质量阶段，要求全面提高义务教育质量，提高农村学校和薄弱学校教师的待遇，提升教师教育教学质量，深入推进义务教育均衡发展。《绩效工资指导意见》规定："在人事、财政部门核定的绩效工资总量内，学校主管部门具体核定学校绩效工资总量时，要合理统筹，逐步实现同一县级行政区域义务教育学校绩效工资水平大体平衡。对农村学校特别是条件艰苦的学校要给予适当倾斜。"2012 年颁发的《国务院关于深入推进义务教育均衡发展的意见》（国发〔2012〕48 号）要求合理配置教师资源，"对长期在农村基层和艰苦边远地区工作的教师，在工资、职称等方面实行倾斜政策"。2015 年通过的《中共 H 市委关于推进义务教育优质均衡发展的意见》强调"依法保障城乡教师收入水平基本均等，对农村教师的工资、职称等实行倾斜政策，稳定农村教师队伍"。这些政策要求中小学教师绩效工资政策在实施中要县域平衡，向农村教师倾斜。

（4）"向一线教师、班主任倾斜"的法律、政策依据。《绩效工资指导意见》规定："根据考核结果……重点向一线教师、骨干教师和做出突出成绩的其他工作人员倾斜。"《教育部关于进一步做好义务教育学校实施绩效工资中教师队伍稳定工作的通知》指出："坚持向一线教师、骨干教师和做出突出贡献的其他工作人员倾斜，向工作量较大、业绩优秀的教师和班主任倾斜。"《新时代教师队伍建设意见》强调："完善教师收入分配激励机制，有效体现教师工作量和工作绩效，绩效工资分配向班主任和特殊教育教师倾斜。"

3. 中小学教师绩效工资政策过程公平性评估

过程公平，也可称为程序公平，指的是中小学教师对绩效工资政策制定实施程序是否公平的态度。参照华莱士和费伊（1988）、林淑姬（1992）、蒋昕（2011）等的研究，过程公平包括四个维度，即公开、参与、沟通、申诉。公开是组织应将有关薪酬决策的信息，做适度的开放；参与是组织不仅将有关薪酬制度的信息，准确传达给员工，还要主动向员工搜集有关薪酬的认知、偏好等信息，以确保薪酬制度能有效满足员工需要，并能提高员工对薪酬制度的信任及认同；沟通是组织应让员工适度参与薪酬制度的设计及执行，可使员工对薪酬结果有较大影响力，并提高员工对薪酬制度的评价及信任；申诉是组织应建立正式的申诉通道，让员工能表达对薪酬的异议及不满，并能达到防微杜渐的效果。

4. 中小学教师绩效工资政策结果公平性评估

结果公平，也可称为分配公平，指的是中小学教师对绩效工资政策分配结果是否公平的态度。参照华莱士和费伊（1988）、林淑姬（1992）、蒋昕（2011）等的研究，结果公平包括三个维度，分别为内部公平、外部公平、个人公平。外部公平指的是薪酬水平应反映员工在就业市场上的价值；内部公平指的是薪酬水平应反映员工的工作责任、困难度及所需具备知识、技能等；个人公平指的是薪酬水平应反映员工的努力及绩效等。

5. 中小学教师绩效工资政策结果实效性评估

结果实效性，指的是中小学教师绩效工资政策的实施效果。这种实施效果主要反映在绩效工资政策的结果上。薪酬能够起到吸引、保留和激励的作用，中小学教师绩效工资政策能否起到这样的作用？本研究将从保留和激励两个方

面评估中小学教师绩效工资政策的实效性。❶

保留实效性指的是中小学教师绩效工资政策能否起到对一位教师长时间保留在一所学校和教师职业的效果。《绩效工资指导意见》的目的之一是吸引和鼓励各类优秀人才长期从教、终身从教。本研究衡量保留实效性的两个指标是组织承诺和职业承诺。也就是说，本研究评估的是绩效工资政策对中小学教师组织承诺和职业承诺的影响。组织承诺是指教师个体对他所在学校的情感依附关系。按照迈耶和艾伦（J.P. Meyer & N. J. Allen，1991）的研究，组织承诺包括三个维度，分别为情感承诺（affective commitment，即教师对本学校的情感认同和投入）、持续承诺（continuance commitment，即教师对离开本学校所带来损失的认知）和规范承诺（normative commitment，即教师对继续留在本学校的义务感）。在组织承诺的基础上，研究者发展出了职业承诺的概念。职业承诺是指教师个体对教师职业的情感依附关系。按照迈耶、艾伦和史密斯（C. A. Smith，1993）的研究，职业承诺包括三个维度，分别为情感承诺（教师对本职业的情感认同和投入）、持续承诺（教师对离开本职业所带来损失的认知）和规范承诺（教师对继续从事本职业的义务感）。

激励实效性指的是中小学教师绩效工资政策能否起到提高教师工作满意度、调动工作积极性的效果。《绩效工资指导意见》要求充分发挥绩效工资分配的激励导向作用。本研究衡量激励实效性的两个指标是工作满意度和工作投入。也就是说，本研究评估的是绩效工资政策对中小学教师工作满意度和工作投入的影响。工作满意度是指教师对其工作各个构成面的认知评价和情感反应。参考鲍尔泽（W .K. Balzer）等人开发的缩减版 JDI 问卷编制，本研究的工作满意度包括工作本身满意度、薪酬满意度、领导满意度和同事满意度。工作投入是由萧费利（W. B. Schaufeli）等人从幸福感的两个维度（快乐和激发）出发，结合访谈的结果，将工作投入定义为个体的一种充满着持久的、积极的情绪与动机的完满状态（林琳等，2008）。萧费利等人开发的乌勒质工作投入量表，分为活力（Vigor）、奉献（Dedication）和专注（Absorption）三个维度。活

---

❶　吸引作用主要针对的是新入职教师，由于一个地区一所学校每年新入职的教师数量有限，很难做到大范围调查，所以在这里不作研究。

力表现为在工作中精力充沛、富有韧性、积极努力，勇于克服困难；奉献表现为对工作热情的投入，能够从工作中感受到自己存在的意义，富有激情、充满灵感与自豪感、敢于接受挑战；专注表现为工作时注意力高度集中，并快乐地沉浸其中，任凭时间飞逝也很难从工作状态中脱离出来。

三、总体研究设计

本研究主要是评估中小学教师绩效工资政策，以多个利益相关群体为调查对象，以合法性、公平性、实效性为评估标准，对中小学绩效工资政策的过程和结果进行深入系统的评估。整个研究可以分为以下四个分研究。

1. 中小学教师绩效工资政策落实情况

了解当前中小学教师绩效工资政策基本状况，是进行绩效工资政策评估的前提。本研究将对 A 区和中小学校的绩效工资政策进行深入文本分析。通过对中小学教师绩效工资政策落实情况的研究，为下一步的政策评估奠定扎实的基础。

2. 中小学教师绩效工资政策合法性评估

合法性是绩效工资政策的基本目标，也是绩效工资政策评估的标准。在研究中，以合法性为评估标准对中小学教师绩效工资政策过程和结果进行评估，了解中小学教师绩效工资政策合法性程度。

3. 中小学教师绩效工资政策公平性评估

公平性是绩效工资政策的基本目标，也是绩效工资政策评估的标准。在研究中，以公平性为评估标准对中小学教师绩效工资政策过程和结果进行评估，了解中小学教师绩效工资政策公平性程度。

4. 中小学教师绩效工资政策实效性评估

实效性是绩效工资政策的基本目标，是绩效工资政策最重要的一个评估标准。在研究中，以实效性为评估标准对中小学教师绩效工资政策结果进行评估，从保留实效性和激励实效性两个方面评估教师绩效工资政策结果，了解中小学教师绩效工资政策实效性程度。

四、研究方法

（一）样本区县选择

本研究数据来源于 H 市 A 区。按照《绩效工资指导意见》，义务教育学校实施绩效工资所需经费，按照"管理以县为主、经费省级统筹、中央适当支持"的原则，确保义务教育学校实施绩效工资所需资金落实到位。在以县为主的经费管理体制下，区县统一制定实施绩效工资政策，我们需要在一个区县的范围内研究教师绩效工资政策的实施过程和效果。同时，由于我国各区县的社会经济发展水平存在一定的差异，各区县制定的教师绩效工资政策可能是有差别的，很难进行跨区县的研究。所以，我们对某一区县义务教育学校教师绩效工资政策进行研究，系统剖析教师绩效工资的实施过程和实施效果。

之所以选择 H 市 A 区作为样本区县，主要出于以下几个方面的考虑：（1）H 市位于我国东部地区，为经济发达的直辖市，经济、社会、教育发展水平都位居我国前列。A 区在 H 市中的综合经济实力居于中等水平，为绩效工资政策的落实提供了资金保障。（2）A 区属于 H 市的郊区，既包括城镇、农村，还包括山区，学校分布广泛而复杂，与我国很多省份的区县有一定的相似性，从这个角度看，A 区具有一定的代表性。（3）我们长期与 A 区教委和中小学校合作，积累了丰富的资源，不仅能够收集到学校的教师绩效工资分配方案，还能够对中小学教师进行问卷、访谈调研，便于开展更加深入系统的研究。教师工资研究是个敏感问题，如果没有良好的合作关系，很难获得相关数据，也很难保证调研数据的真实性。

（二）研究方法选择

通过文献综述可知，当前教育政策评估使用较多的方法主要有三种：量化方法、质性方法和混合方法。不同方法背后的研究范式是不同的，实证主义范式强调量化方法，建构主义范式强调质性方法。在过去 30 年里，实证主义范式和建构主义范式是水火不容的，很多研究者在比较两种范式的高下优劣问题（塔沙克里，特德莱，2010）。然而，在两大范式之争中，也有不少研究者提出和解之法，认为质性方法和量化方法实际上是可以相容的，一些作者（如

Howe，Reichardt，Rallis）立基于一个不同的范式，提出相容理论，有人将其称为"实用主义"（塔沙克里，特德莱，2010）。实用主义取向的研究者采用综合质性方法和量化方法的混合方法开展研究，同时吸收两种方法的长处，试图更好地解决研究问题。

基于此，本研究采用混合方法，运用问卷调查法、访谈法等多种方法，以多种利益相关群体为调查对象，对中小学教师绩效工资政策进行科学、规范、系统的评估。

1.问卷调查法

问卷调查法是研究者进行教育政策评估的最常用方法。本研究采用问卷调查法，面向一个区县范围内的中小学教师开展调查研究，评估中小学教师对教师绩效工资政策合法性、公平性、实效性的感知，从整体上了解教师绩效工资政策的合法性、公平性和实效性情况。

2.访谈法

访谈法也是研究者常用的教育政策评估方法。本研究采用访谈法，面向中小学校长、中层干部、普通教师开展访谈调研，深入了解教师绩效工资政策的制定实施过程，评估中小学教师绩效工资政策过程合法性、公平性。

3.内容分析法

内容分析法是通过对"内容"的分析以获得结论的一种研究手段（刘伟，2014）。它是政策分析的重要方法之一，通过对文献内容进行定量或定性的分析，判断与透析文献中有关主题的实质内容及其关联的发展趋势（李钢，蓝石，2007）。在研究绩效工资政策合法性时，我们采用内容分析法，分析中小学教师绩效工资政策的内容，判断其与国家、地方相关教师绩效工资政策规定的一致性程度。

五、研究意义

（一）理论意义

政策评估是政策分析的一个重要组成部分。对中小学教师绩效工资政策进行评估研究，以 CIPP 评估模式和薪酬模型为基础开发绩效工资政策评估框架，以合法性、公平性和实效性为标准对绩效工资政策过程和结果进行系统的评估，具有以下理论意义。

（1）将工商领域的薪酬模型引入教师工资分析领域。薪酬模型建构了一个从政策到目标实现的过程模型，提出合法性、公平性和实效性三个薪酬目标。将薪酬模型应用到教师工资领域，为教师绩效工资研究提供合法性、公平性和实效性的评估标准，为分析教师绩效工资政策实施过程和结果创造条件。

（2）构建了系统性的工资政策评估框架。本研究不仅使用薪酬模型，而且还使用 CIPP 评估中的过程评估模式和结果评估模式，构建一个由过程评估和结果评估，以及合法性、公平性、实效性相结合的评估框架。利用这一框架，本研究开展教师绩效工资政策过程合法性评估、结果合法性评估、过程公平性评估、结果公平性评估和结果实效性评估研究，对绩效工资政策实施过程和结果进行系统深入的探讨和分析。

（3）丰富、深化教师工资研究。本研究综合使用问卷法、访谈法、文本分析法等多种研究方法，收集中小学校多种利益相关者的认识数据和教师绩效工资政策方案等一手资料，不仅是对当前中小学绩效工资政策研究方法的丰富和创新，还拓宽了中小学教师绩效工资的研究思路和视野。

（二）实践意义

我国义务教育学校教师绩效工资政策已经颁发多年，对其实施过程和效果进行严谨科学的阶段性评估，具有非常重要的实践意义。

（1）为教师绩效工资政策发展提供决策依据。从宏观上来说，对中小学教师绩效工资政策进行科学规范的阶段性评估，运用混合方法，获取中小学校多种利益相关者对教师绩效工资政策实施过程和效果的评价数据，能够为我国下一步调整和改进义务教育学校教师绩效工资政策提供重要的决策依据。

（2）为中小学校绩效工资政策实施提供数据支持。从微观上来说，以中小学校教师为调查对象，倾听中小学校中不同利益相关群体对教师绩效工资政策实施过程和效果的看法，获得相关评估数据。这有助于中小学校完善教师绩效工资政策的实施过程，通过设计更加符合教师需求的绩效工资体系，对中小学教师绩效工资政策的推进和落实具有重要的现实意义。

第四章 义务教育学校教师绩效工资政策落实情况

为了解当前教师绩效工资政策的落实情况，本研究首先对义务教育学校教师绩效工资政策进行现状分析。本章研究 H 市 A 区近几年中小学教师绩效工资政策落实情况，以 A 区 3 类位置（城镇、平原、山区）的 6 所学校为例，分析学校在绩效工资政策上的落实情况，为下一步的教师绩效工资政策评估奠定基础。

一、研究问题

本章主要研究 A 区中小学教师绩效工资政策的落实情况。具体研究问题如下。

（1）A 区中小学教师绩效工资政策是怎么样的？政策中设置了哪些具体的工资项目？

（2）A 区中小学校制定的绩效工资政策有哪些？发放标准是什么？

二、研究方法

在研究绩效工资政策的实施情况时，我们采用内容分析法，对近几年来 A 区实施的中小学教师绩效工资政策和 A 区中小学校制定的绩效工资实施办法的内容进行系统梳理和分析，了解 A 区中小学教师绩效工资政策的落实情况。

三、研究结果与分析

通过对 A 区中小学教师绩效工资实施办法进行分析，得出以下研究结果。

（一）教师绩效工资政策在区县层面的落实情况

按照《义务教育法》的规定，我国义务教育实行国务院领导，省、自治区、直辖市人民政府统筹规划实施，县级人民政府为主管理的体制。这种管理体制要求各区县在制定教育政策上既要严格遵守国家、省份等政策的规定，又要照顾到当地的实际情况制定，中小学教师绩效工资政策的制定也不例外。

A 区教委制定中小学教师绩效工资政策，必须严格执行人社部、教育部的政策规定。同时，A 区教委还要遵循 H 市制定的地方政策。H 市结合地区经济的发展特点，制定适合本地区发展的政策，这些政策对 A 区教师绩效工资政策的发展产生更为直接的影响。2011 年出台的《H 市中长期教育改革和发展规划纲要（2010—2020 年）》指出："建立提高教师地位和待遇的保障机制。依法保障教师工资水平，落实教师绩效工资政策。对农村教师的工资、职务（职称）等实行倾斜政策，完善津贴补贴制度，稳定农村教师队伍。对在远郊区县农村地区长期从教及贡献突出的教师给予奖励。"这是 H 市教育发展的纲领性文件，为 H 市中小学教师绩效工资政策落实和改革指明了方向。为贯彻落实这一规划纲要，2014 年实施《H 市教育委员会 H 市人力资源和社会保障局 H 市财政局关于印发建立我市中小学教师绩效奖励激励机制实施方案及配套文件的通知》（H 教人〔2014〕10 号），下发《关于建立 H 市中小学教师绩效奖励激励机制的实施方案》和《H 市中小学教师绩效奖励激励机制项目管理办法》两个重要文件，要求在现有绩效工资实施基础上，按照各区县学生数量、教师数量及生师比等因素，确定绩效奖励激励机制所需资金总量，经费出市级财政给予支持。文件规定，绩效奖励激励机制增加的资金主要用于支持集团化、学区化办学和办学特色学校以及教师在小学课后班管理和中学社团活动辅导、中小学生个性化学习辅导、教育教学改革、教师交流与支教等工作中的奖励。这一政策是配合 H 市教育发展实施的，通过绩效奖励机制，提高教师在教育教学各方面工作的积极性。2015年通过的《中共H市委关于推进义务教育优质均衡发展的意见》强调："不断改善教师福利待遇。依法保障教师平均工资水平不低于当地公务员的平均工资水平。适应中小学教育教学改革需要，建立教师绩效工资逐步提高机制，按照多劳多得、优绩优酬的原则，重点向承担教育教学改革发展任务重、做出突出成绩的一线教师、骨干教师倾斜。依法保障城乡教师收入水平基本均等，对农村教师的工资、职称等实行倾斜政策，稳定农村教师队伍。"这个政策意见凸显H市教育追求质量、力求均衡的教育发展目标，促进城区、郊区、城镇、农村的义务教育均衡发展，保障了H市各地区的中小学教师绩效工资水平。2016年，H市出台了《H市乡村教师支持计划（2015—2020年）实施办法》（H政办发〔2016〕8号）、《H市乡村教师岗位生活补助发放办法》（H教人〔2016〕10号）和《H市乡村教师岗位生活补助发放办法的补充办法》（H教人〔2016〕23号），实施乡村教师岗位生活补助，对H市农委划分的山区乡镇的镇区学校、教育部教育事业统计分类中的乡村和镇区学校按照学校距离H市城市中心的直线距离远近发放补贴。这个政策是H市乡村教师支持计划的重要内容，旨在进一步完善提高乡村教师待遇。

在人社部、教育部、H市制定的政策的影响下，A区教委制定"义务教育学校实施绩效工资方案""义务教育学校教职工绩效考核试行办法""事业单位岗位设置管理实施意见"等政策。这些政策标志着A区义务教育学校教师绩效工资政策的正式实施。在这些政策的引领下，A区教委制定具体的教师绩效工资实施办法。据A区教委人事科文件，自2010年9月开始，A区教委先后出台《A区义务教育学校实施绩效工资若干问题的处理意见》《A区义务教育学校教职工绩效工资项目标准设定及分配办法》等7个具体文件，设置绩效工资项目及发放标准，有效地将教师绩效工资政策落实到位。在工资项目上，A区教委不仅设置班主任津贴、超工作量津贴、校长津贴、骨干教师补贴、农村教师津贴、山区教师补贴、岗位津贴、学年奖、教龄津贴、独生子女费、义务教育职务补贴、义务教育提租补贴、物业补贴等人社部、教育部规定的项目，还设置符合地方社会、经济、教育发展状况的目标奖、节日补助、教师绩效奖励激励等项目。各工资项目的具体解释和发放标准，如表4-1所示。在这些项目中，超工作量津贴、学年奖、教师绩效奖励激励三部分是由学校自主制定方案确定的，各个学校根据教委的规定和学校情况制定符合本校的具体方案。

表 4-1　A 区中小学教师绩效工资项目及具体标准

项目名称	设定依据	项目具体解释及发放标准
目标奖	A 区教委规定	目标奖反映的是教师的工作量完成情况，只要按时完成当月基本工作量，并考核合格，即可全额发放，发放标准由区里统一确定。目标奖在近几年逐渐增加
超工作量津贴	教育部规定	超工作量津贴反映的是不同岗位的教师每月的工作量情况。这一项目由区里统一确定人均数额，学校制定分配方案，依据教师工作量考核结果发放，具体发放额由教师的实际绩效决定
班主任津贴	教育部规定	班主任津贴是 A 区按照国家绩效工资政策制定的，对班主任专门设置的津贴。班主任津贴标准与班级学生数量有关
骨干教师补贴	教育部规定	骨干教师补贴是 A 区按照国家绩效工资政策制定的，向骨干教师发放的额外补贴。骨干教师补贴标准根据骨干级别而不同
岗位津贴	教育部规定	岗位津贴是按照岗位向中小学教师发放的津贴。A 区中小学教师的岗位津贴标准分专业技术 5 ~ 7 级岗位津贴、专业技术 8 ~ 10 级岗位津贴、专业技术 11 ~ 12 级岗位津贴为、专业技术 13 级岗位津贴、见习期人员的岗位津贴等五类
校长津贴	教育部规定	校长津贴是 A 区专门为义务教育学校校长设立的工资项目。享受校长津贴的人员，就不再享受目标奖和超工作量津贴。校长津贴是由教委依照学校班级数、学生数、校长的表现综合确定的，校长之间有差异，但总体上差别不大
教龄津贴	人社部规定	教龄津贴是根据中小学教师的教龄长短对教师进行的补贴。教龄津贴的发放标准如下：教龄 5 年以下的教师没有教龄津贴；教龄满 5 年不满 10 年的教师，每月 3 元；教龄满 10 年不满 15 年的教师，每月 5 元；教龄满 15 年不满 20 年的教师，每月 7 元；教龄满 20 年以上的教师，每月 10 元
独生子女费	国家卫计委规定	独生子女费是国家为配合计划生育政策设定的项目，目的是奖励拥有独生子女的父母。按照《H 市人口与计划生育条例》的规定，凡申请领取了《独生子女父母光荣证》的夫妻，自领取《独生子女父母光荣证》之月起发至其独生子女满 18 周岁止，每月获得政府发放的 10 元独生子女父母奖励费，即每个人每月享受 5 元的独生子女费

续表

项目名称	设定依据	项目具体解释及发放标准
义务教育提租补贴	人社部规定	义务教育提租补贴是指房改前，对租住公有住房的中小学教师，因租金提高而由学校给予的补贴。义务教育提租补贴是按照教师职务发放的
义务教育职务补贴	人社部规定	义务教育职务补贴是根据职务向中小学教师发放的补贴，是基础性绩效工资的一部分
农村/山区教师补贴	教育部规定	农村/山区教师补贴是A区按照上级绩效工资政策制定的，向农村学校教师特别是条件艰苦的山区学校教师给予一定的补贴
乡村教师岗位生活补助	H市教委财政局	乡村教师岗位生活补助是H市对按H市农委划分的山区乡镇的镇区学校、教育部教育事业统计分类中的乡村和镇区学校，按照学校距离H市城市中心的直线距离远近发放的补贴
学年奖	教育部规定	学年奖由两部分组成。一部分是常规的学年奖，它是A区在每年教师节向中小学教师发放的绩效奖励，除人均学年奖的70%部分为基础性绩效工资之外，其余的30%部分由各校自主制定方案，考核教师的实际绩效，按照优劳优酬的原则发放。另一部分学年奖包括一次性核增的绩效工资、追加的学年奖、骨干教师奖金、教育引导奖励等。教育引导奖励主要是中小学根据绩效向部分教师发放的奖励，这是由学校自主做方案制定的，包含中考奖励
节日补助	A区教委规定	节日补助是A区设定的，每月发放给教师的固定补助。绩效工资实施后，以往各校给教师发放的节日福利都被取消，变成区里统一发放的节日补助
物业补贴	人社部规定	国家为完善住房制度改革配套政策，对事业单位职工设立物业补贴。物业补贴标准根据事业单位职工住房控制面积标准和H市普通住宅物业服务收费价格等因素确定。事业单位管理岗位、专业技术岗位、工勤技能岗位按照岗位技术等级都有相应的补贴标准
教师绩效奖励激励	H市教委规定	教师绩效奖励激励是H市专门设立的，由市财政出资支持，奖励激励教师教育教学的积极性。各校的教师绩效奖励激励总量根据各校学生数量、教师数量及生师比等因素确定。按照H市教委的统一要求，A区在教师绩效奖励部分设置了6个项目，分别为小学课后班管理、中学社团活动辅导、中小学生个性化学习辅导，教育教学改革，寄宿制学校教职工一次性奖励，深山区教职工一次性奖励，支教教师一次性奖励，班主任一次性奖励。深山区教职工、支教教师、班主任一次性奖励都是按照人均一定数额发放。其他三部分是由各校自主制定方案，根据教师的实际绩效发放

（二）教师绩效工资政策在学校层面的落实情况

由 A 区的教师绩效工资政策可知，超工作量津贴、学年奖、教师绩效奖励激励三部分是由学校自主做方案，依据教师的绩效和贡献发放的，要求体现"多劳多得，优劳优酬"原则，不能平均发放。为了解这三个方案的具体情况，下面对 6 所学校的政策方案进行具体分析。

1. 超工作量津贴

超工作量津贴，也就是中小学教师常说的月绩效工资，按月发放。A 区中小学教师每月的超工作量津贴拨款为固定数额，区里不设定最高和最低发放额，具体发放金额由学校制定方案按照教师的实际表现确定。从学校的超工作量津贴方案来看，具体的发放标准如下：（1）依据教师职位确定基数❶。学校都确定了每月发放的基数，虽然各校发放标准有所不同，但是比例较大。（2）基于教师职务发放补贴。这里所说的职务主要有四类，分别为领导干部、班主任、副班主任❷和组长，在学校都有体现。（3）根据额外工作发放补贴。值班和加班是最常见的额外工作，各校都会设定值班、加班的费用标准。当然，各校根据具体情况还可能发放其他额外工作的补贴。（4）教育教学成果奖。教育教学成果反映的是每月的教学成果，金额不大，实际上是按照教师职位发放的。

2. 学年奖

学年奖，也就是中小学教师常说的年度绩效工资，在每年的教师节一次性发放。中小学教师学年奖的 70% 部分作为基础性绩效直接发放给每位教师，剩下的 30% 部分作为奖励性绩效由学校自主制定方案发放，区里要求学校按照教师的实绩分出等次，每个等次之间要有一定的差距。在学年奖里，除了分等的奖励之外，学校还会根据教师在一年里的获奖、论文发表情况给予一定的奖励。

---

❶　这里的"基数"指的是依据职位，教师拿到的最基本的工资数额。如果教师还做了其他事情，那么他的超工作量津贴部分会在基数基础上增加。

❷　副班主任不是由教育行政部门统一设立的，而是由学校设立的，目的是加强班级管理、减轻班主任工作压力。

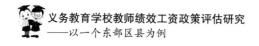

3. 教师绩效奖励激励

教师绩效奖励激励奖金，是由 H 市专门设置的，用于支持集团化、学区化办学，办学特色学校，中小学教师组织课外活动计划，小学课后班管理和中学社团活动辅导，中小学生个性化学习辅导，教育教学改革，教师交流与支教等工作中的奖励。各校的教师绩效奖励激励总量根据各校学生数量、教师数量及生师比等因素确定。除了班主任一次性奖励由区里规定统一发放外，其余资金由学校自主支配。从学校的教师绩效奖励激励方案来看，很多学校会根据教师职位设定相应的基数，在此基础上进行发放。

从超工作量津贴、学年奖、教师绩效奖励激励的具体发放项目及标准来看，很多学校在超工作量津贴、教师绩效奖励激励中设置了基数，而且基数所占的比例较大。这说明很多学校自主制定的教师绩效工资政策并没有完全体现出"多劳多得、优劳优酬"的原则。

第五章 义务教育学校教师绩效工资政策合法性评估

合法性是教育政策制定和落实的基本前提，它是教育政策被承认的基础，直接影响着人们对政策的接受程度（刘复兴，2003）。确保教育政策的合法性是我国依法治国的必然要求。长期以来，依法治国一直是我国的基本国策。1997年党的十五大提出了党领导人民依照宪法和法律规定治理国家的基本方略。1999年，九届全国人大二次会议通过《中华人民共和国宪法修正案》，在《宪法》第5条增加一款，作为第一款，规定："中华人民共和国实行依法治国，建设社会主义法治国家。"这标志着我国正式将依法治国作为党领导人民治理国家的基本方略。2002年，党的十六大提出全面落实依法治国的基本政策。2014年，党的十八大四中全会通过《中共中央关于全面推进依法治国若干重大问题的决定》，要求在社会各领域全面推进依法治国。

依法治国，在教育领域里，就要求教育行政部门依法执教、中小学校依法治校。2003年出台的《教育部关于加强依法治校工作的若干意见》（教政法〔2003〕3号），对各级各类学校落实依法治校提出了系统性要求，成为引领我国学校依法治校的重要文件（赵德成，2013）。2012年颁布的《教育部关于印发〈全面推进依法治校实施纲要〉的通知》（教政法〔2012〕9号）要求全面推进依法治国，规定："全面推动教育行政管理体制以及学校内部管理体制的改革、创新，在依法行政、依法治校的基础上，构建政府、学校、社会之间新型关系，加快建设现代学校制度。"这是一份有关学校实施依法治校的纲领性文件，为中小学依法治校提供政策依据。

中小学校依法治校，就得保证中小学教育政策的合法性，教师工资领域的政策也是如此。自教师绩效工资政策实施以来，教师绩效工资政策的合法性究竟如何，需要一个系统性的评估。对 A 区中小学校的教师绩效工资政策合法性进行评估，发现实践中的优势与不足，对于进一步推动依法治校，提高教师绩效工资政策的合法性具有重要的意义。

一、研究问题

依照合法性评估框架，本部分研究主要探讨两个方面的问题，一个是政策程序的合法性，另一个是政策结果的合法性。具体的研究问题如下：

（1）中小学教师绩效工资政策是怎么实施的，程序设计是否合法？

（2）中小学教师对绩效工资政策程序合法的感知如何？

（3）中小学教师绩效工资政策结果如何，是否合乎法律、政策的规定？

（4）中小学教师对绩效工资政策结果合法的感知如何？

二、研究方法

（一）访谈法

访谈法是政策评估的重要方法。本部分研究使用访谈法，研究中小学教师绩效工资政策程序的合法性以及中小学教师对绩效工资政策程序合法性的感知。❶

1.访谈对象

本次调研面向 H 市 A 区中小学校长、中层干部、教师等教师绩效工资政策的重要利益相关者进行访谈。之所以选择这三类群体，是因为他们在绩效工资政策实施过程中是重要的群体，既是政策的制定者，也是政策结果的影响者，他们对绩效工资政策最有发言权。

---

❶ 对教师绩效工资政策程序合法性的感知的研究，还补充使用了问卷调查法，在绩效工资政策程序公平的量表中，对教师申诉问题进行调查，设置一个题项。对这一题项进行统计分析，了解中小学教师对教师申诉程序的感知情况。

2. 样本选取

我们按照分层抽样和目的抽样相结合的样本选取方法。具体的抽样原则如下：考虑 A 区 3 类学校位置（城镇、平原、山区），每类选取小学、中学各 1 所，共 6 所学校；每所学校选取 1 名正职校长、1 名中层干部和 2 名教师；每所学校的校长在本校任职 3 年以上，了解 A 区绩效工资政策；每所学校的中层干部在本校任干部 3 年以上，了解学校教师绩效工资政策的实施情况；教师的选择要照顾到性别、教龄、学科、是否班主任、是否教代会成员等信息，并确保教师在本校任职在 3 年以上。

本研究从三类位置选择 6 所学校，❶6 名正职校长、6 名中层干部和 12 名教师。三类群体的基本信息如表 5–1、表 5–2 和表 5–3 所示。

表 5–1　A 区中小学校长样本信息

校长	学校	学校位置	性别	职称	在本校当校长年限（年）
P1	S1 小学	城镇	男	小学高级	11
P2	S2 小学	平原	男	中学一级	5
P3	S3 小学	山区	男	小学高级	6
P4	S4 中学	城镇	男	中学一级	5
P5	S5 中学	平原	女	中学高级	6
P6	S6 中学	山区	男	中学高级	4

表 5–2　A 区中小学中层干部样本信息

干部	学校	学校位置	性别	教龄（年）	职称	在本校当干部年限（年）
M1	S1 小学	城镇	男	18	小学高级	5
M2	S2 小学	平原	男	21	小学高级	7
M3	S3 小学	山区	女	14	小学高级	3
M4	S4 中学	城镇	女	15	中学二级	11
M5	S5 中学	平原	女	8	中学二级	3
M6	S6 中学	山区	女	20	中学一级	4

---

❶ 本部分研究中访谈抽取的学校是第四章中提供教师绩效工资方案的学校。

表5-3　A区中小学教师样本信息

教师	学校	性别	教龄（年）	职称	学科	备注
T1	S1 小学	女	21	小学高级	数学	教研组长、班主任、教代会成员
T2	S1 小学	女	7	小学高级	语文	班主任
T3	S2 小学	女	30	小学高级	语文	教研组长、班主任、教代会成员
T4	S2 小学	男	19	小学高级	语文、数学	班主任
T5	S3 小学	男	22	小学高级	完小负责人	教代会成员
T6	S3 小学	女	10	小学高级	语文	班主任
T7	S4 中学	女	9	中学二级	政治	班主任
T8	S4 中学	男	8	中学二级	计算机	
T9	S5 中学	女	10	中学二级	生物	
T10	S5 中学	女	25	中学一级	数学	教研组长、教代会成员
T11	S6 中学	女	14	中学一级	政治	年级组长、班主任、教代会成员
T12	S6 中学	男	4	中学二级	物理	

3. 访谈提纲

对中小学校长、中层干部、教师采用的都是半结构化访谈，并针对不同的群体制定了不同的访谈提纲。

（1）校长访谈提纲。绩效工资政策实施多年，您了解区里的绩效工资政策吗？区里的政策与国家、地方的政策有哪些关系？有没有冲突？学校的绩效工资政策是如何落实的？有哪些程序？总体来看，您觉得绩效工资政策合法吗？这些实施程序是否合理？教师们觉得这些程序如何？

（2）中层干部访谈提纲。绩效工资政策实施多年，您了解学校里的绩效工资政策吗？学校的绩效工资政策是如何落实的？有哪些程序？总体来看，您觉得绩效工资政策合法吗？这些实施程序是否合理？教师们觉得这些程序如何？

（3）教师访谈提纲。绩效工资政策实施多年，您及您周围的同事了解学校里的绩效工资政策吗？学校的绩效工资政策是如何落实的？有哪些程序？根据您及您周围同事的看法，总体来看，绩效工资政策合法吗？这些实施程序是否合理？为什么？

4. 访谈实施及访谈信息处理

我们面对面或通过电话对校长、中层干部、教师进行 25 ～ 40 分钟的深度访谈，在征得访谈对象同意的情况下对访谈过程全程录音。在中小学校里，绩效工资是个敏感话题，所以在访谈过程中我们确保没有其他人在场，并向访谈对象说清楚研究的目的，以保证访谈信息的真实性。访谈结束后，我们转录每位访谈对象的信息，并对各类群体的信息分别进行编码处理。

（二）问卷调查法

问卷调查法是政策评估的常用方法。本部分研究采用问卷调查法，收集中小学教师对绩效工资政策结果合法性的感知数据。

1. 调查对象

教师是绩效工资政策的最终影响者，他们是对教师绩效工资政策最有发言权的群体。在本部分研究中，我们面向 H 市 A 区中小学教师开展问卷调研，了解中小学教师对绩效工资政策结果合法性的感知情况。

2. 样本选取

我们采用多级抽样、分层抽样和随机抽样相结合的方式选取样本。具体的抽样原则如下：依据 A 区三类位置（城镇、平原、山区）的学校数量、学校级别，在学校总数保证在 30 所的情况下，分层抽取 9 所城镇学校、15 所平原学校、7 所山区学校，共计 31 所学校，其中城镇小学 5 所、平原小学 7 所、山区小学 4 所，城镇初中 3 所、平原初中 5 所、山区初中 2 所，城镇九年一贯制学校 1 所、平原九年一贯制学校 3 所、山区九年一贯制学校 1 所；按照学校教师规模，每校在照顾性别、年龄、教龄、职称、学历等比例的情况下选择 15~40 位教师参与问卷调查。我们向 31 所学校发放 918 份问卷，除去天花板效应、地板效应、缺失信息等问卷，共回收到 834 份有效问卷，有效问卷回收率为 90.85%。有效问卷的教师内部构成如表 5-4 所示。

表5-4 A区问卷调查教师样本基本情况

变量	组别	人数	比例（%）
学校位置	县城	293	35.13
	平原	403	48.32
	山区	138	16.55
学校级别	小学	410	49.16
	初中	272	32.61
	九年一贯制	152	18.23
性别	男	158	23.37
	女	676	76.63
教龄*	3年以下	197	23.62
	4~6年	97	11.63
	7~18年	265	31.77
	19~30年	249	29.86
	31年以上	26	3.12
学科	主科（语文、数学、英语）	434	52.04
	其他（副科和其他无课教师）	400	47.96
原始学历	中师、中专或高中及以下	248	29.74
	大学专科	172	20.62
	大学本科	348	41.73
	研究生及以上	66	7.91
最高学历	大专及以下	33	3.96
	大学本科	713	85.49
	研究生及以上	88	10.55
职称	未定级	114	13.67
	初级（小学一级、中学二级）	340	40.77
	中级（小学高级、中学一级）	342	41.01
	高级（中学高级）	38	4.56
管理职责	普通教师	617	73.98
	组长（年级组长、教研组长等）	172	20.62
	中层干部	45	5.40

变量	组别	人数	比例（%）
骨干教师	非骨干教师	613	73.50
	骨干教师（校级、区级及以上）	221	26.50
班主任	非班主任	504	60.43
	班主任	330	39.57

注：＊教龄划分参考了胡伯曼（M.Huberman，1989）关于教师职业生涯周期发展的研究，教龄 3 年以下为生存期、4~6 年为稳定期、7~18 年为多样化期、19~30 年为保守期、30 年以上为生涯末期。另外，样本中有些变量教师数量较少，但所占比例与该地区相应类型比例基本一致。

3. 调查工具

结合《教育法》《教师法》《劳动合同法》等法律以及《绩效工资指导意见》等政策的要求，本部分研究将教师绩效工资政策合法性感知问卷编制成由 5 个题目组成的李克特量表，5 个题目分别为学校的绩效工资政策符合《教师法》、学校的绩效工资政策符合《劳动合同法》、学校的绩效工资政策符合"同工同酬"原则、学校的绩效工资方案符合"多劳多得，优劳优酬"原则、学校的绩效工资政策体现了"教师平均工资水平不低于当地公务员的平均工资水平"。量表采用李克特 5 点计分，由"1– 非常不符合"到"5– 非常符合"，见附表 1。

为了提高研究的科学性和有效性，本次调查正式实施之前要对量表进行试测。我们对中部某省 162 名中小学教师（来自某国家级培训机构两个培训班的学员，多数教师来自不同的学校）进行问卷试测。在 162 份调查中，去除天花板效应、地板效应、前后矛盾等无效问卷，共收集到 151 份有效问卷，问卷有效回收率为 93.21%。在有效的样本中，小学教师 97 人，中学教师 54 人；男教师 48 人，女教师 103 人；3 年及以下的教师 9 人，4~6 年的教师 10 人，7~18 年的教师 54 人，19~30 年的教师 72 人，31 年及以上的教师 6 人；初级职称 14 人，中级职称 90 人，高级职称 42 人，未评级 5 人；校级干部 36 人，中层干部 47 人，普通教师 68 人；班主任 73 名，科任教师 78 名。使用 SPSS 22.0 对教师绩效工资政策合法性量表数据进行信度分析，发现量表的 Cronbach's α 为 0.78，表明量表具有良好的信度。

经过试测发现，中小学教师绩效工资政策合法性量表有良好的信度，可以用于正式的调查。在正式调查中，我们从 A 区收集到 834 份有效问卷，使用 SPSS 22.0 对数据进行信度分析。中小学教师绩效工资政策合法性量表的 Cronbach's α 为 0.88，表明中小学教师绩效工资政策合法性量表具有良好的信度。

4. 数据收集与处理

本部分研究采用纸笔填答方式收集数据。绩效工资是敏感话题，要收集到真实的数据，需要研究者下到学校去，向学校管理者和中小学教师说清楚研究的目的和意义，打消他们的后顾之忧。所有数据收集上来后，我们使用 SPSS 22.0 对数据进行描述性统计、独立样本 T 检验、one-way ANOVA 等分析。

（三）内容分析法

内容分析法也是重要的政策分析方法。本研究使用内容分析法，主要分析中小学教师绩效工资政策文本内容是否符合法律、政策的规定。内容分析的数据来源于 A 区 6 所学校❶制定的绩效工资政策。对这些文本内容进行深入系统的分析，探讨中小学教师绩效工资政策内容符合法律、政策相关规定的程度。

三、研究结果与分析

通过使用访谈法、问卷调查法、内容分析法等方法，对 A 区中小学教师绩效工资政策进行合法性评估，得出以下研究结果。

（一）中小学教师绩效工资政策程序的合法性

1. 贯彻校长负责制，校长对绩效工资政策制定负责

在我国，中小学实行校长负责制。校长负责制是由 1985 年颁布的《中共中央关于教育体制改革的决定》提出的，并在《中华人民共和国教育法》中得以明确规定。校长负责制指的是校长全面负责学校工作。实行校长负责制的学

---

❶ 这 6 所学校仍然为第四章中的学校。

校，校长是学校行政的最高负责人，是学校的法人代表，对外代表学校，对内全面负责，有决策指挥权（萧宗六，2008）。可以说，校长是学校的第一责任人，是学校制定和落实国家、地方各项政策的关键人物。校长在绩效工资政策的制定过程中，一方面要严格贯彻上级教育行政部门出台的与绩效工资相关政策，落实相关政策的精神，另一方面也要基于学校的实际情况，通过绩效工资政策推动学校工作的发展。

（1）在绩效工资政策制定过程中，校长负责主要体现在对政策大方向的把握。从对校长的访谈中可以看出，6位校长对于绩效工资政策进入到集体决策之前都有一个明确的认识或思路，把握绩效工资政策的方向。

P3 校长：

绩效工资政策实施过程，大致是这样的：我们先学习上级政策文件的精神，之后我先拿出一个思路，领导班子讨论，由人事干部根据班子讨论的意见草拟方案。对初步方案，征询部分人的意见。之后将方案拿到教代会上，教代会代表讨论。大家没有异议了，就举手表决通过。

P6 校长：

经济手段是很重要的，物质手段是最主要的一种手段，合理利用绩效工资能够推动学校发展。我来到学校之后，在原来绩效工资政策的基础上进行了调整。设计了一个框架，列了很多重点推动的工作，比如我们寄宿制学校的晚上值班工作、班主任工作，提高这些工作的奖励金额，调动教师从事这些工作的积极性。

从对中层干部的访谈中，6位干部都提到校长在政策制定过程中这种负责的作用。

M3 主任：

校长先拿个思路，再上领导班子的会。校长的这个思路可能是特别简单，但是具有方向性的，因为在学校开会之前校长参加了区里的绩效工资大会，区领导会对政策进行一个详细的解读，所以校长对绩效工资的认识更准确。

M6 主任：

校长只是提出一个方向性的意见，然后副校长制定一个细则，大家再一起讨论。

尽管中小学教师不太了解绩效工资分配方案制定的具体程序，但是绝大多数教师（10/12）❶认为校长在绩效工资政策制定过程中具有重要作用。

T8 老师：

绩效工资分配方案是领导定的呀，我理解的就是校长先拿个东西，领导班子再讨论呗。

T10 老师：

有些方案是区里规定的，比如班主任津贴，有些比如超工作量津贴、学年奖啊，校长是可以自己做主的。

从对三类群体的访谈中，都能够看出校长在制定绩效工资过程中所起到的重要作用。校长负责制，要求校长在制定绩效工资政策时，既要推动学校的管理工作，又要解决绩效工资政策可能面临的问题。

（2）利用绩效工资向班主任倾斜，解决学校管理中的"老大难"问题。班主任工作是学校的重要工作，但是当前很多老师不愿意当班主任，一个重要原因就是班主任费（区里统一发的班主任津贴）太低，付出与回报不成正比。5位校长提到，在每月的绩效工资方案中向班主任倾斜，提高班主任的待遇，调动班主任工作的积极性。

P1 校长：

绩效工资就是要坚持多劳多得，优劳优酬，通过合理设计能够推动工作开展，很明显地，绩效工资推动了班主任工作。之前，由于班主任特别辛苦，而且班主任费很低，所以大家都不愿意当班主任，这也是困扰很多学校发展的老大难问题。绩效工资实施后，有专门的班主任津贴（每月400元）和班主任激励奖金（每年1000元），月绩效考核里面也有一部分钱给班主任。不仅如此，我们还利用学校能够自主支配的绩效工资设立优秀班主任奖，这个奖每学期评选一次，获奖一次奖1000元，不仅有奖金，还是一个荣誉，有效调动了大家当班主任的积极性。

从对中层干部（5/6）、教师（10/12）访谈中，也可以了解到，大多数学校在班主任津贴之外，另外在月绩效中向班主任倾斜。

---

❶ 10/12 表示的是在 12 位教师中，有 10 位教师有这样的想法。下同。

M4 主任：

对于班主任，我们学校，除了区里统一的班主任费之外，也有额外的倾斜，会体现在超工作量津贴里。

T2 老师：

班主任工作比较辛苦，为了调动班主任的积极性，学校会在每个学期评选优秀班主任，优秀班主任能够获得 1500 元的奖金。

（3）设置符合学校实际的项目，推动学校管理工作。部分校长（2/6）设置符合学校实际的项目，推动学校管理工作。从几位校长的访谈中，校长在区里统一要求设置的绩效工资项目之外，还基于学校实际情况设定了一些新项目。一个学校设置了兼职费和公招面试专家评审费。

P5 校长：

绩效工资，除了区里规定的统一发放的之外，学校在月绩效工资里设置了许多和学校管理相关的项目。比如说，兼职费和公招面试专家评审费。兼职，是说一个人有多项工作，我们学校的英语老师还是人事干部（行政工作），就是兼职，还有会计兼职档案管理、资产管理，人事档案兼职，档案兼学籍等，根据工作的复杂性和工作量给予适当的奖励。公招面试专家评审费是我们今年新加进来的。暑假放假，老师们都回家了，但我们的教师招聘评选小组还得加班，特别辛苦，我们就设置了这个项目，费用根据面试的人数具体计算出来。

一个学校是寄宿制学校，学生要上晚自习，学校设定了看晚自习费。

P6 校长：

我们结合学校特点（寄宿制学校），有的老师要看晚自习，有的老师不看，我就对看学生的重点考虑，按照次数给钱，谁都可以申请，这个是在八小时之外……原来是轮流，大家苦不堪言，都愿意回家。后来我们调整，老师看完晚自习之后必须留在学校，将原来的费用一次 30 块钱，翻倍到 60 块钱，到现在的 100 块钱。现在老师看学生的积极性提高了，有的年轻老师还申请看两次，通过这个把老师积极性提高。

同时，绩效工资政策的实施，可能面临着一些问题，比如干群矛盾。如何在绩效工资分配中解决干群矛盾是校长负责制的重要体现。部分校长（2/6）提到了绩效工资政策落实过程中要解决好干群矛盾。

P2 校长:

制定绩效工资政策,我们应该先确定一个原则,解决好干群矛盾。因为我们觉得如果说绩效工资产生矛盾,第一大矛盾就是干群矛盾,这是最容易发生的问题。我觉得要解决好干群矛盾,在工资上把教师工资尤其是干活多的老师工资往前放,让老师觉得我们心里装着他们,让他们更受益、更实惠。但是干部工资少了,他们也会有意见,如何把干部的思想做通了,这也是解决干群矛盾的很重要的一个点。干部基本上都是从优秀老师上来的,当了干部了,责任重了,但钱却拿少了,他也有意见。如何解决干部的思想问题,主要是认识。认识决定一切,认识不到位,后面的思想、意识、行为都到不了位。所以当时我们开会,我说我们做干部,我们真正需要的是什么,是需要我们作为干部的一种责任、一种承担的价值。那么如果说我们不能够引导老师们、不能够带动老师们去跟着我们一块儿干,是咱们最悲哀的。如果能够做到这一点,我们的心态一定要端平。所以我就跟干部说,举一个例子大家来思考,大家就明白了,那一点点钱,根本就证明不了你真正的地位和实力,它不代表这个,真正代表的是你在跟老师接触的过程中,在跟老师做事的过程中,体现的价值。你少拿50块钱,其实不算什么,但是你在老师心目中那种奉献精神、那种地位和位置是不一样的。我们用50块钱,舍掉50块钱,真正得到的是我们心里的安慰,得到了老师的尊重。所以这样的话,其实通过这种方式解决了老师对干部的那种意见,通过这种思想引领,也解决了干部当中一些人存在的思想问题。

(4)解决绩效工资政策可能存在的问题,还要创设良好的文化氛围。部分校长(3/6)认为绩效工资的实施需要一个良好文化氛围予以配合。一位校长提出要建立一个公平合理的氛围。

P2 校长:

这个氛围就是要营造一种正气,营造一种向心力。领导干部做事,如果你让老师怀疑你,那就每一次制定工资方案都怀疑你,每一次评优评先都怀疑你,每一次都会给你找麻烦。所以,从一开始我们学校领导干部就营造大的氛围,包括我们做这个方案的时候都是要广泛征求意见。我们第一次制定绩效工资分配方案的时候,反复推敲、反复磨合,不断地去换位思考,我们前后开了 15 次会，基本上所有人都参与了。所以最后公布工资方案的时候，只有一个人问了问我的钱怎么回事，没有一个人有意见。让大家从第一次就信服，每一次都信服，慢慢地形成一种向心力，营造一种大家互相认可、有向心力的氛围、正气，他就认为每一次领导干部都是公平公正地对待我们。所以这个绩效工资的实行基本会赢得人心。

一位校长认为绩效工资增加了教师的收入，有一定的激励作用，但若发挥更大的激励作用，还需要通过校长的激励，创造一个积极正向的文化氛围。

P5 校长：

我觉得我们学校的老师最大的变化不只是因为钱。比如说合唱团那个指挥，他进来的时候也是挺混的一个老师，但是他就是特别喜欢合唱。所以我让他负责合唱团，和总监似的。他把 5 个音乐老师都调动得特别好。他给我发短信说，这两年是我让他找到了职业理想。我这一生就要做两件事，一个要带出一个精英合唱团，为我的家乡做一点贡献。另一件事是我退休之后要组建一个童声合唱团，一直干到我生命的最后一刻。所以我认为他们根本不是为了钱，他们还是需要价值引导。这两年的生命教育，使老师更加重视生命的意义和价值，而不是钱。学校的正气和风气特别好，老师们真的说不是为了钱。上一天班挺开心，挺幸福。

教师绩效工资政策需要在绩效管理的背景下实施，即校长要将绩效工资与学校的发展目标相联系起来。从访谈中可知，校长们坚持贯彻绩效工资的"多劳多得、优劳优酬"原则。从对校长访谈来看，校长们都在贯彻绩效工资的多劳多得、优劳优酬原则。

P5 校长：

开教师会的时候，我第一次就要求教师把绩效工资概念弄清楚。人均1000 元多点，是拨款到学校，但不是按照这个数平均发放。这个钱是奖励那些超工作量的，还有在教育教学中获得的一些成果的。

P1 校长：

绩效工资真正的、最核心的地方是什么，就是多劳多得，优劳优酬。平时每月是多劳多得，学年奖是优劳优酬。不干的可以理论上一分也没有。

对中层干部、教师的访谈也可以得出，所有人都提到了学校在绩效工资

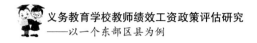
政策的落实过程确实在贯彻"多劳多得、优劳优酬",打破原来的"大锅饭"现象。

M5 主任：

现在绩效工资能够体现出"多劳多得、优劳优酬",每月按照你所做的工作发放,比如你担任班主任,除班主任津贴外还有额外的钱;你担任教研组长,有教研组长的钱。学年奖里能够体现出优劳优酬,按照表现评出等次。

T1 老师：

绩效工资有差距,因为那个是由你干了什么工作决定的,干和不干一定会有差距。比如担任其他课程的老师,像是校本课程之类的,这些额外的课都会有相应的酬劳。

需要注意的是,校长贯彻了绩效工资的"多劳多得、优劳优酬"的原则,把握了绩效工资政策的方向,但是没有将绩效工资与学校发展的战略目标有机结合起来。在谈到绩效工资时,无论是校长、中层干部,还是教师,都没提到校长将绩效工资与学校发展的目标结合起来,而提得最多的是如何将绩效工资如何公平、合理地发放出去。也就是说,在制定绩效工资政策时,中小学校长并没有考虑到学校发展目标,那么绩效工资就很难真正起到推动学校发展的作用。

从以上研究中可以看出,中小学校长在教师绩效工资政策制定过程中起到了重要的作用,贯彻了绩效工资"多劳多得、优劳优酬"的原则,推动了学校的管理工作,提出了一些解决绩效工资政策可能面临问题的策略。但需要指出的是,校长在设计绩效工资时并没有将绩效工资与学校发展目标有机结合起来。

2.中小学教师绩效工资政策制定经过了领导班子民主决策

虽然我国中小学实行校长负责制,中小学校长的职责和角色非常重要,但是对于重大事项决策权,不应只属于校长个人,而应通过民主程序,让中层干部、普通教师等积极参与决策过程,把大家的智慧集中起来,通过民主与集中统一的过程,完成重大事项的决策(朱小蔓,2008)。通过民主程序,集体决策也是我国教育法律法规、教育政策的基本要求。民主是多数人的意志和利益的体现,是一种有效决策的模式,是一种实现正义的可能程序(范国睿,

2011），也是我国社会主义核心价值观的重要内容。通过民主决策，不断完善民主程序，可以提高决策的水平和质量。中小学教师绩效工资政策作为学校"三重一大"问题，需要经过领导班子民主决策通过。

从对校长访谈可以看出，所有校长都提到绩效工资政策制定遵循"三重一大"的议事程序，具体方案由领导班子集体讨论研制出来。在讨论的过程中，领导班子不只是形式上的参与，而是实质上的讨论，发挥各自的作用。

P1 校长：

在班子会上，我按照上级开会的精神，对教师绩效工资政策进行解答，各个部门的领导就各自负责的领域谈谈看法，看看绩效工资应该怎么分配。在会上，大家都发表意见，不同的观点，都能提出来。我们再将这些意见和建议整理汇总，大家一起审议。

P5 校长：

每次增加绩效工资，我们都开班子会，看看怎么分配。教学主任可能觉得老师们做课特别辛苦，要给做课老师一部分钱。德育主任可能觉得班主任很辛苦，尤其是人数较多的班主任，也要给班主任加一部分钱。这样，你一言我一语，人事干部将这些意见和建议汇总。我们整个班子对这些提法进行民主审议。

从对中层干部的访谈中可以看出，所有中层干部都认为绩效工资分配方案是由领导班子民主决策的。

M6 主任：

我每次会议都参加，校长先解读下相关政策，提一个思路，由教学干部出初稿，其他领导从各自负责领域提出意见和建议，整个领导班子审议。

M3 主任：

领导根据上层的要求制定一个大体的方向，然后支委会包括校长（书记）、副校长、副书记、宣传委员、组织委员，这些支委会委员都是中层干部，还有其他中层干部也参加，一起制定和完善绩效工资实施方案。这个过程还是挺民主的。

从对中小学教师访谈可以看出，很多老师（8/12）知道绩效工资政策是由领导班子制定的，其中，5位教代会成员能够清楚地了解，3位普通教师的认识是模糊的，或者是道听途说的，因为他们没有参加过领导班子会。

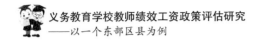

T4 老师：

首先应该就是学校领导学习上面的要求，按照上面的要求总体实施。然后呢，学校的领导，中层领导吧，主要是都要参与分析。主要是人事还有正副校长和主任吧，一起开会，研究，制定每一次具体分配绩效工资的方案。

T2 老师：

学校领导根据上级部门的规章制度去制定，然后要通过教代会，教代会上有不同意的再去修改。教代会通过之后，再开大会向大家公布这个方案。

从这些访谈信息可以看出，中小学校切实贯彻了"三重一大"事项决策程序，领导班子内部各抒己见，从各自所负责领域提出自己的意见和看法，发挥了领导班子的作用，体现了民主参与。

3. 中小学教师绩效工资政策方案经过了教代会决策，但教代会代表没有真正代表教师参与决策，在决策中缺乏话语权

从对校长、中层干部、普通教师的访谈中可知，所有人都提到了中小学校制定的教师绩效工资政策需要经过教代会决策才付诸实施，说明中小学教师绩效工资政策在形式上是合法的。但是，从调研中发现，教代会决策存在很多问题，主要表现如下。

（1）教代会代表中，普通教师数量较少。从制度设计上来说，教师代表的是学校所有教师的利益，应该涵盖学校的各个群体、身份，如各个年级、班主任、各学科教师、不同性别教师、二线教师、后勤教师等，应由各个群体推荐选出。通过对校长、中层干部的访谈来看，所有校长、中层干部都说这些教师代表是由各个群体推选出来的。

P2 校长：

教代会这些成员都是老师们选上来的，都是能够代表各个部门的、大家信任的人，他们是会对老师负责的。

M6 主任：

教师代表，各类群体都有，按比例，干部占多少，老师占多少，教师代表都是按比例选出来的。他们会站在自己或者自己代表的层面上进行利益权衡，提出一些意见。

但是从对教师访谈可知，半数以上的教师（7/12）认为教师代表中普通教

师较少。

T8 老师:

教代会成员是按比例,各个群体都有的,但具体谁参加是由领导定的,就比如说你体育组吧,那就来体育组长吧。所以基本上去的都是组长之类的,普通的一线老师很少,所以就是走个形式,摆摆样子。

T9 老师:

我不太清楚,听说,教代会包括所有领导干部、年级组长、教研组长,普通教师比较少吧。

这一点从接受访谈的 5 位教师的身份可以得到印证。在接受访谈的 12 名教师中,有 5 名是教师代表,他们要么是年级组长、教研组长,要么是完小负责人,虽不属于中层以上领导,但都属于干部。

(2)中小学教师代表在参与教代会之前,并没有广泛征求教师的意见,他们代表的多是自己。教代会代表要民主参与管理,就需要在投票前对方案进行详细的了解,通过查阅资料和广泛征求教师的意见,看方案的具体实施细则是否能够代表广大教师的基本利益、是否保障了教师的合法权益。如果认为方案不合适,提出有针对性的意见和建议,在最后修改方案后,再行使投票权,决定这个方案是否能够通过。但在中小学实践中,教师代表参加教代会之前,对绩效工资实施方案没有了解,与其所代表的教师也没有沟通过。在对校长、中层干部和教师的访谈中,大多数校长(5/6)、中层干部(5/6)、教师(10/12)都表示在教代会之前教师看不到方案。

P3 校长:

在教代会之前,我们会征询部分老师的意见和建议。之后,我们会将方案拿到教代会上,在开教代会之前不会将方案发给教代会代表。

P4 校长:

我们领导班子讨论出方案初稿后,就拿到教代会上讨论,征求教师代表的意见和建议,这个稿子是他们第一次看到。

M1 主任:

我们领导班子草拟出初稿之后,就会上教代会讨论,开教代会之前不会发给老师。

T11 老师：

开教代会之前，我们看不到方案，大家只知道绩效工资这事儿，但都不知道具体的内容。

T7 老师：

全体教师大会之前没有见过方案，但是教职工讨论回来后会和我们介绍，告诉我们大致如何分配。

T8 老师：

教职工代表没有征求我们的意见，只是说那些参加的教职工代表通过就通过了，在全体教师大会上只是公布而已。

从这些学校的做法来看，教代会之前一般不会把方案发给教代会代表和老师，没有方案，教代会代表也就无法向教师征询意见和建议。没有征询过别人的意见，教师代表的意见只是代表他们自己的意见，如果没有合理的依据，很难得到其他代表的认同。

P6 校长：

7月份来了一笔钱，在广泛征求大家的意见基础上，给晚自习翻倍，涨到了70块钱，班主任涨了400块钱。在开教代会的时候，学校的会计（教代会成员）站起来发言了，她说大家也知道现在资金流量多大，给其他人涨了，也应该给她涨点。

实际上，这个学校会计是从自己的利益出发，而不是从学校的后勤或二线职工出发。因为她的理由不够充分，最后意见没有被采纳。

（3）中小学教师代表只是审议政策方案，缺乏决策的话语权，很难实现真正的民主参与。教师代表在教代会过程如何参与，有没有决策的话语权，能不能表达利益诉求，是影响教代会效果的重要因素。在教代会上，学校领导向教师代表公布方案初稿，征求一下大家的意见，如果意见不大或者没有意见，就举手表决通过。不管是校长、中层干部，还是普通教师，他们都表示，教师代表没有提出多大的意见。一方面可能是教师真提不出意见，正如T8老师说的那样：

其实教职工参与表决方案，基本上也就是按照方案制定的来，就那样了。我觉得主要是这职工代表他也不了解这绩效工资，如果反对也说不出什么理由。比如你让我说有什么意见，我还真不清楚。就像工资有很多名称，让我说这里边具体包含着啥，我也说不出来。

但另一方面，可能不是教师代表没有意见和建议，而是在教代会上普通教师数量较少，势单力薄。在这种情况下，教师很难有话语权，有时候很多教师一听领导的话，就知道该说什么不该说什么（害怕被扣上挑战领导权威的帽子）。在调研中，P6校长讲了一个前任校长在教代会上的故事：

在我来之前的一个月，来了一笔钱，人头300元钱的拨款。按照学校以前的习惯，领导干部商量过了就能通过（没有广泛征询意见）。当校长信心满满，感觉肯定能通过，正准备在教代会通过的时候，有一个男老师（网管老师）站起来了，说："学校工作都是你们的功劳，我也想说说，信息技术设备，跟原来相比，有了大幅的增长，原来一个学校几台，现在发展到几百台，每个教室还有多媒体、电脑和网络，工作量非常大，也应该把我考虑进去。"（现在校长说，可以说网管工作很繁杂，但是大家都看不到，确保一个学校的设备、网络等正常运转。我就在想，管一个教室的人都有人想到，那么为什么就想不到他呢？这个方案就没有想到这个老师。）校长不好表态，让大家说说，该不该给他涨钱。有的人说该给一点，有的人也说没看出干多少活。然后这个校长没有直接说，实际意思就是不给涨钱。教代会一般开30分钟，但那次僵持了1个多小时，而且言辞很激烈。后来大家都知道校长的意思，这个老师很有个性，平时的人缘也是一般。讨论之后没有给他涨工资。

从这些访谈收集到的信息可以看出，所有学校制定的绩效工资政策都须经教代会通过，但由于教师代表没有征询教师的意见，并不能够真正代表教师。而且，部分教代会代表由于没有话语权，很难真正参与到教代会这个民主管理决策的过程中来。

4.中小学教师可以向学校申诉问题，但中小学缺乏专门的申诉机构和人员，教师很少申诉

教师申诉是教师参与学校民主管理的重要形式，是教师维护自身合法权益的重要手段。教师申诉，实际上是对绩效工资分配方案实施过程的监督。虽然绩效工资方案制定出来以后，所有学校都能够将方案贯彻实施，但是在实施过程中，难免会遇到一些问题，比如有些教师可能工作量算少了，钱拿少了，也

可能有些教师对方案有意见和建议。《全面推进依法治校实施纲要》要求中小学校把法治作为解决校内矛盾和冲突的基本方式，建立并综合运用信访、调解、申诉、仲裁等各种争议解决机制，依法妥善、便捷地处理学校内部各种利益纠纷。

学校有相应人员负责解决教师在绩效工资过程中遇到的问题，但中小学教师很少向学校申诉。从对中小学校长、中层干部、教师访谈可知，他们都提到如果教师在绩效工资实施过程中遇到问题，可以向学校相关负责人反映、解决。但实际上，反映问题的人并不多。

T2 老师：

有时候有问题，比方说每月的超工作量津贴部分都看不太懂，但是我不可能每月都去找人事干部，人家也是领导，也有很多事情。大家都明白这个道理，所以大家都很少反映问题了。

T8 老师：

如果有问题，可以直接找人事干部。比如说有时候人事干部说确实给算错了呀，也有过这种情况。我还遇到过给算多了的情况，这样下个月就会少，人事干部说就把上个月多的补过来，反正工资条是公开的。有时候大家每月可能都会有问题，但你不能每月都去问，人事干部还有其他事情干。

为什么反映问题的教师不多？他们真的没有问题吗？从教师访谈结果可以看出，情况并非如此，不是没有问题，而是真有问题，他们对绩效工资制定过程、每月工资条上的超工作量津贴部分并不是十分熟悉，但是他们并没有去问人事干部，他们害怕干扰其他人的正常工作，也害怕因为问工资而招惹是非，这与学校没有专门的负责申诉的机构和人员有很大的关系。

由以上四个程序的实施情况可知，中小学教师绩效工资政策的制定都经历了校长负责、领导班子民主决策、教代会民主决策、教师申诉等程序，在形式上是合法的，但也存在很多问题。如校长没有将绩效工资政策与学校发展目标相结合；教师代表在教代会上没有真正代表教师参与决策，在决策中缺乏话语权；中小学缺乏专门的申诉机构和人员，教师很少申诉。

（二）中小学教师对绩效工资政策程序合法性的感知

中小学教师对绩效工资政策程序合法性的感知，指的是他们对绩效工资政策的程序是否合法的评价，是衡量中小学教师绩效工资政策程序合法性的重要方面。通过对中小学校长、中层干部、教师的访谈，得出以下研究结果。

（1）所有中小学校长都认为教师绩效工资政策程序合法，因为他们严格按照相关程序制定落实政策，过程公开透明，而且也没有教师因绩效工资制定过程向领导反映问题，或向上级部门上访反映问题。

P2 校长：

为了让更多的老师参与到方案的制定过程中来，我们把通过后的方案挂到网上，全体老师都能参与进来。一个政策有导向作用，得让老师都有发言的机会，这样才公平，老师提建议有一个正常的渠道，这样就能公开透明，效果也挺好，老师们也更加认可。

P5 校长：

我们学校在钱的方面没有出过一例上访之类的事，因为我们这方面做得比较细，整个过程也让大家参与了，应该说，老师们都比较满意。

（2）所有中层干部也认为教师绩效工资政策程序合法，因为学校在制定绩效工资分政策的时候，执行了相关政策规定的程序，而且整个过程细致、公开和透明。

M5 主任：

我觉得这个过程公开公平公正，因为把这个工作都做得已经比较细了，然后开会的时候基本上不会出现什么问题。

M3 主任：

大家都认可这个绩效工资制定过程，还是感觉挺公开透明的，因为像是奖励之类的就会有相应的调整，然后教代会通过，教师代表回来向大家说清楚，传达到每一个老师。

（3）绝大多数教师（11/12）认为不了解绩效工资制定过程。即便作为教代会代表，教师也声称不太了解，因为他们只知道教代会的过程，并不知道教代会之前的方案初稿的制定程序。教师们认为不了解绩效工资制定过程，对他们

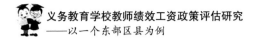
来说是不合理、不公平的。

T9 老师：

我不太清楚绩效工资的制定过程，我只是在全体教师大会上才知道这个事情，我觉得知道得有点晚，应该让我们更早地参与到政策的制定过程中来。

T2 老师：

我当然是想知道这个过程了，毕竟关系到自己的亲身利益。但现在的制定过程没有太多参与，主要是通过全体教师大会了解。

T12 老师：

我们不知道方案如何制定的，这样的过程不公平，我觉得我们应该有这个权利知道。大家在乎的不是那十几二十几块钱，而是我们有知情权。就像涨了十块钱，就要说清楚这是怎么涨的，为什么别人涨了二十，让大家都眼明心亮。

此外，教师对申诉的评价，能够反映教师对申诉程序的感知程度。在研究绩效工资政策程序公平量表中，我们对教师申诉问题进行了调查。[1] 在满分为5的李克特量表题中（题项为："学校有专门的申诉渠道，教师可以反映有关绩效政策的疑惑和问题"），参加调研的 834 名教师的平均评分为 3.38[2]（SD 为1.06），处于 2.5~3.5 之间，是一般水平。使用 SPSS 22.0 对教师、组长（包含年级组长、教研组长、备课组长）、中层干部的评分情况进行方差分析发现，他们之间的评分存在显著性差异（$P < 0.001$），具体表现为中层干部评分最高，普通教师评分最低，组长评分居中，而且中层干部评分明显高于组长和普通教师的评分（见表 5-5）。对于三类群体的具体评分进行统计发现，50% 以上的组长、普通教师都对教师申诉问题的评分在 3 分及以下，而只有 20% 的中层干部评分在 3 分及以下。这样的问卷数据与访谈结果相一致，中小学校领导干部更多地认为学校在绩效工资实施过程中指定了专门的负责人，虽然是兼职，但是他们能够依据绩效工资分配方案较好地解决教师在绩效工资发放过程中所遇到的问题。然而，中小学教师并没有这么认为，他们更多地认为学校并没有专

---

❶ 申诉是程序公平的一部分，在这里通过教师对申诉看法，对访谈信息进行补充。

❷ 本研究中的评分采用 5 分制，按照心理学上的尺度，可将其分为 4 个等级，其中，$X < 2.5$ 为较差水平；$2.5 \leqslant X < 3.5$ 为一般水平；$3.5 \leqslant X < 4.5$ 为较好水平；$4.5 \leqslant X$ 为优秀水平。

门的申诉渠道，向指定的人事干部或其他干部反映问题，会给他们增添很多麻烦，影响他们的政策工作。

表 5-5　不同类型教师对学校申诉机制的评分统计结果

教师类型	人数	平均分	标准差	3分及以下的比例（%）
普通教师	617	3.29	1.08	50.24
组长	172	3.53	0.98	51.16
中层干部	45	4.09	0.79	20.00

在询问他们是否愿意参加绩效工资政策制定过程时，所有教师都表示愿意参与绩效工资政策的制定过程，参与学校民主管理、积极建言献策，维护他们自己的知情权。

T8 老师：

我当然想参与到绩效工资政策的制定中来，这毕竟是我们的权利。通过参与方案的制定，我们能够更清楚方案是怎么来的，发到我们手里的钱是怎么回事。要不，我们就容易摸不着头脑了。

T3 老师：

现在我不太清楚绩效工资政策制定过程，如果让我参与，我也愿意直接参与方案制定。因为亲身去参与的话肯定和制定完去审议不一样。我们直接参与，也可以为学校发展建言献策。

实际上，老师们并不认同在绩效工资政策初稿之前就参与到制定过程中来，因为他们认为要是没有一个政策初稿，所有老师基于自己的立场参与讨论，很难达成共识。

T6 老师：

我们确实很想参与到绩效工资政策的制定过程中来，但是所有人都参与，容易众口难调，很难达成统一的意见。所以，我觉得学校领导班子应该先拿出一个方案初稿来，我们参与到初稿的征求意见中来就行。绩效工资制定、实施过程要公平公正合理。就比如说学校制定一个大的方向（应该先给出个框架，就是先画一个圈，否则就容易讨论得没边了。也可以提出个方案后让老师在每一条后添加自己的意见），让大家都进行讨论，再把大家的意见集中汇总起来，形成初步的方案，然后再进行讨论看看有什么不合理的地方，让整个过程使大家都能满意。就是要多听取一线老师的意见，最大限度地做到公平。

T7 老师：

我觉得正常是应该在确定下来前每个人都能发表意见。但是如果要所有人都参与到这个过程中的话，每个人都有自己的一个想法，时间是不允许的。但我还是倾向于在开全体教职工大会之前我们手中都能有一份初稿，让老师们对这件事都有更充分的认识与准备，不至于在会上忽然听到这件事反应不过来。

从对三类群体的访谈中可知，中小学校长、中层干部都能够参与到绩效工资政策的制定中来，他们认为绩效工资政策制定过程公开透明，公平合理。但是大多数教师没有参与到绩效工资制定过程，不了解这个过程，在整个过程中参与较少。为了更好地维护自己的合法权益，他们表达了参与绩效工资政策制定过程的利益诉求，参与绩效工资政策制定也是他们应有的权利。值得注意的是，教师们说的参与不是从一开始就参与，而主要是参与对绩效工资政策方案初稿的讨论。

（三）中小学教师绩效工资政策结果的合法性

考察中小学教师绩效工资政策结果的合法性，一个重要方面是对绩效工资政策文本与法律、政策相关规定的符合程度进行分析。依据法律、政策的相关规定，对中小学校制定的教师绩效工资政策文本进行内容分析，发现 A 区中小学教师绩效工资政策结果合法性呈现如下特点。

1. 中小学教师绩效工资政策体现了教师平均工资应不低于当地公务员的平均工资的原则

对于教师的身份问题，学者们没有达成共识。有些学者如韩小雨、庞丽娟（2010）、银小贵等（2009）认为教师应该具有公务员身份，而有些学者如刘波、刘泽环（2012）、张薇薇（2006）认为不应将教师纳入公务员序列。实际上，各国对于教师身份的认定也有不同，日本、韩国、德国等国家将教师视为公务员，美国等国的公立学校教师具有雇员兼公务员的双重身份。可以说，对于教师身份的讨论，并没有定论。但是很多国家、很多研究者都拿教师与公务员比较，尤其是在工资层面。"教师平均工资不低于公务员平均工资"也是我国法律、政策中的一个目标。

根据 H 市的统计年鉴显示，2015—2017 年，教育领域城镇单位在岗职工的平均工资均明显高于公共管理和社会组织领域城镇职工的平均水平，在国民经济 19 个领域中居第 7 位。虽然公共管理和社会组织领域所包含的职业很多，可能存在一定的误差，但是能够反映出"教师平均工资不低于公务员平均工资"的趋势。

2. 中小学教师绩效工资政策体现了"多劳多得、优劳优酬"的原则

"多劳多得、优劳优酬"是教师绩效工资的基本原则，从政策上规定中小学教师"干与不干不一样、干多干少不一样、干好干坏不一样"，打破"吃大锅饭"的局面。在 6 所学校的落实中，可以看出，中小学教师绩效工资体现了这一原则。比如，1 所学校的月度考核（超工作量津贴）中，设置了年级组长、教研组长、班主任、班主任奖励（兼任两个班教学）、副班主任奖励、35 人以上班级管理费、行政干部、值班、全勤、兼职费、优秀教研组、初三补课、加班、校级公开课、公开课、获奖等 16 个项目，干一个工作有一个工作的费用，保证在每月的绩效工资津贴部分干得多、干得好的教师与干得少、干得一般的教师明显拉开差距。

再如，1 所学校的学年考核中，按照区教委政策规定，将所有在编老师的学年奖（奖励性，学年奖的 30%）分为三个等次。评为一等奖的人员为年度绩效考核优秀等次人员；初三统考学科成绩"十佳""优秀"学科任课教师；小学质量检测成绩优秀及以上学科任课教师；优秀班主任、师德标兵；在学校工作中做出突出贡献、取得突出成绩的人员（此项人员由学校领导班子认定）。评为二等奖的人员为年度完成学校安排的日常工作和临时性工作，学年度绩效考核为合格等次人员。评为三等奖的人员为年度能完成学校安排的日常工作和临时性工作，病假、事假、产假等累计在 30 天全 6 个月的人员。这样的学年考核确实体现了"优劳优酬"的原则，但从奖金数额上来看，各等级之间相差200~300 元，差距不是特别大。

3. 中小学教师绩效工资政策体现了"县域均衡，适当向农村教师倾斜"

义务教育均衡发展是当前我国义务教育质量提升的重要要求，实现教师绩

效工资在各类学校位置的均衡发展是提高教师待遇、促进义务均衡发展的重要举措。从 6 所学校的绩效工资政策文本可知，不管是城镇、平原，还是山区，各学校教师的大多数工资项目是一样的，标准也是一样的。不仅如此，A 区设置具体项目向农村教师、山区教师倾斜。

深入了解发现，除了教师的绩效之外，同一专业技术岗位同一薪级的教师（都不是班主任和骨干教师或都是班主任和骨干教师）在山区拿到的工资要高于城镇的水平。这充分体现了 A 区依法保障城乡教师收入水平基本均等，而且向农村、山区学校倾斜的义务教育教育均衡发展政策。

4. 中小学教师绩效工资政策体现了"向一线教师、班主任倾斜"

在中小学里，一线教师与领导干部的工资常被拿来比较。学校里的工资到底是向一线教师倾斜还是向领导干部倾斜？从 6 所学校的绩效工资方案可以看出，虽然学校都根据教师职务发放补贴，但是补贴额度数量不是很大。而且，根据校长和教师的反映，校长、干部的工资在一个学校往往不是最高的，而职称较高、担任班主任工作的一线教师工资更高。

绩效工资向班主任倾斜主要体现在几个方面。一是设置班主任津贴，26 人（含）以上的班级为 400 元 / 月，25 人（含）以下的班级为 300 元 / 月。二是很多学校在超工作量津贴中向班主任倾斜，倾斜的额度为每月 100~200 元。三是在教师绩效奖励激励奖金中，一次性向班主任发放 1000 元，有学校还利用这笔钱设置了优秀班主任奖金等。从这些方面看，中小学教师绩效工资在向班主任倾斜。

综上可知，中小学教师绩效工资政策文本体现了法律、政策所规定的"教师平均工资应不低于当地公务员的平均工资""多劳多得、优劳优酬""县域均衡，适当向农村教师倾斜""向一线教师、班主任倾斜"等要求。

（四）中小学教师对绩效工资政策结果合法性的感知

中小学教师绩效工资政策合法性的感知，是中小学教师绩效工资政策结果合法性评估的重要方面。我们采用问卷调查法，了解中小学教师绩效工资政策合法性的感知情况。使用 SPSS 22.0 的描述性统计、独立样本 T 检验、方差分析，对数据进行处理分析。

1. 从整体水平上看，中小学教师认为绩效工资政策结果合法性处于较好水平

对数据进行描述性统计，得出中小学教师对绩效工资方案合法性感知的评分为 3.80（标准差为 0.82），得分在 3.5~4.5 之间，处于较好水平，说明从整体上来看，中小学教师对绩效工资政策方案合法性的感知处于较好水平，并且内部差异较小。对不同类型的教师的认识进行差异化检验，结果发现，不同位置、不同性别、不同学科、不同管理职责等教师对绩效工资方案合法性的感知没有显著性差异，但是不同学校类型、不同教龄的教师对绩效工资方案合法性的感知存在显著性差异（$P < 0.05$）。具体来看（见表 5-6）：从不同级别学校教师评分来看，九年一贯制学校的教师评分最高，为 4.10，经过 Scheffe 事后比较发现，九年一贯制学校教师的评分明显高于小学和中学教师；从不同教龄的教师评分来看，6 年以下教龄的教师评分较高，评分在 3.90 以上，而 19 年以上教龄的教师评分较低，评分在 3.80 以下，经过 Scheffe 事后比较发现，教龄在 3 年以下教师的评分明显高于教龄在 19~30 年的教师。

表 5-6　不同类型教师对绩效工资政策结果合法性的感知

类型		均分	标准差	F	Scheffe 事后比较
学校级别	小学教师（1）	3.74	0.82	12.97***	（3）>（1）* （3）>（2）*
	初中教师（2）	3.73	0.77		
	九年一贯制教师（3）	4.10	0.81		
教龄	3 年以下（1）	3.93	0.78	4.03**	（1）>（4）*
	4~6 年（2）	3.92	0.73		
	7~18 年（3）	3.82	0.82		
	19~30 年（4）	3.66	0.86		
	31 年以上（5）	3.63	0.69		

注：*P < 0.05，**P < 0.01，***P < 0.001。

2. 从题目水平上看，中小学教师对绩效工资政策符合法律程度的评分较高，而对所体现出的"多劳多得、优劳优酬"及教师平均工资水平不低于当地公务员的平均工资水平的评分较低

对各题目数据进行描述统计（见表5-7），结果发现：（1）中小学教师对绩效工资政策符合法律程度的评分较高，两个题目（绩效工资政策符合《劳动合同法》、符合《教育法》的程度）评分均在4.0以上，处于较好水平。（2）教师对于绩效工资政策所体现出的"多劳多得、优劳优酬"及教师平均工资水平不低于当地公务员的平均工资水平的评分较低，两题评分在3.50以下，处于2.50~3.50之间，属于一般水平，表示教师对于绩效工资政策所表现出来的这两个原则认同度不高。（3）教师对绩效工资政策体现了教师平均工资水平不低于当地公务员的平均工资水平一题评分最低，为3.42，表明相较而言，中小学教师最不认同绩效工资政策实施以来教师平均工资水平已经不低于当地公务员水平的状况。

表5-7　教师对绩效工资政策合法性感知量表各题目评分

题目	平均分	标准差
学校的绩效工资政策符合《劳动合同法》	4.11	0.87
学校的绩效工资政策符合《教育法》	4.09	0.88
学校的绩效工资政策符合"同工同酬"原则	3.87	0.97
学校的绩效工资政策符合"多劳多得、优劳优酬"原则	3.48	1.00
学校的绩效工资政策体现了"教师平均工资水平不低于当地公务员的平均工资水平"	3.42	1.10

综上可知，总体来看，中小学教师认为绩效工资政策结果合法性处于较好水平；具体来看，中小学教师对绩效工资政策符合法律程度的评分较高，对所体现出的"多劳多得、优劳优酬"及"教师平均工资水平不低于当地公务员的平均工资水平"的评分较低。

第六章 义务教育学校教师绩效工资政策公平性评估

公平是千百年来人类孜孜以求的目标，是人类社会普世的基本价值观。在社会工作、生活中，我们都在寻求公平的机制和待遇。在薪酬领域，公平也非常重要。公平的薪酬体系和薪酬过程，能够提高员工的工作满意度，调动员工工作的积极性。自亚当斯在薪酬领域提出公平理论以来，薪酬结果的分配公平、程序公平受到研究者、实践者以及广大员工的广泛关注。研究者发现，薪酬不公平就会带来很多负面影响。员工一旦认为自己在薪酬方面受到不公平对待，就会采取以下三种方法力图恢复公平或者找到心理平衡：一是减少个人的投入，比如不再那么卖力地工作，而是消极怠工；二是以不正当的手段来增加个人的工作收益，比如偷窃组织财物或者出卖组织秘密或其他信息来牟利；三是从心理到身体都试图远离自己认为产生不公平的地方，比如拒绝与自己认为所获报酬过高的其他同事共事或合作，或者干脆离开组织（刘昕，2014）。因此，重视薪酬的公平性，是组织管理非常重要的工作和任务。

自教师绩效工资政策实施以来，政策的公平性究竟如何，需要一个科学系统的评估。对 A 区中小学校的教师绩效工资政策公平性进行评估，发现实践中的优势与不足，对于进一步提高教师绩效工资政策的公平性具有重要的意义。

一、研究问题

依照公平性评估框架，本部分研究主要探讨两个方面的问题，一个是政策

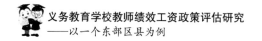

程序的公平性，另一个是政策结果的公平性。

（1）中小学教师对绩效工资政策过程的公平性整体感知怎样？不同类型的教师群体有没有显著差异？

（2）中小学教师对绩效工资政策过程的公平性认知呈现什么特点？

（3）中小学教师对绩效工资政策分配结果的公平性整体感知怎样？不同类型的教师群体有没有显著差异？

（4）中小学教师对绩效工资政策分配结果的公平性认知呈现什么特点？

二、研究方法

（一）问卷调查法

1. 调查对象

本部分采用问卷调查法收集数据。样本选取及调查对象相关情况已在前文说明。

2. 调查工具

参考亚当斯（1965）、华莱士和费伊（1988）、林淑姬（1992）、蒋昕（2011）等人的研究，我们将薪酬公平分为程序公平和分配公平两个大方面。程序公平包括四个维度，即公开、参与、沟通、申诉。分配公平包括三个维度，分别为内部公平、外部公平、个人公平。参考林淑姬（1992）研究中编制的题项，我们将程序公平和分配公平编制成量表，每个维度包括2~3道题目，程序公平共有9道题目，分配公平共有7道题目，量表采用李克特5点计分，由"1-非常不符合"到"5-非常符合"，见附表2。

对试测数据进行信效度分析，确保问卷的质量。使用SPSS 22.0对试测中的程序公平和分配公平数据进行信度分析，得出程序公平整体上及各维度的Cronbach's α 在0.79~0.92之间，分配公平整体上及各维度的Cronbach's α 在0.77~0.89之间，说明程序公平量表和分配公平量表都有良好的信度。程序公平和分配公平量表的题项是参考林淑姬等人的研究编制的，保证量表有好的内容效度。

经过试测发现，中小学教师程序公平和分配公平量表都有良好的信效

度，可以用于实测。在实测中，我们从 A 区收集到 834 份有效问卷，使用
SPSS 22.0 对数据进行信度分析。结果发现，程序公平量表整体上及各维度
的 Cronbach's α 均在 0.80 以上（见表 6-1），分配公平整体上及各维度的
Cronbach's α 在 0.79~0.91 之间（见表 6-2），表明在实测中程序公平和分配公
平均具有良好的信度。

表 6-1　教师绩效工资程序公平量表信度分析结果

	整体	公开	参与	沟通	申诉
Cronbach's α	0.95	0.86	0.90	0.84	0.92

表 6-2　教师绩效工资分配公平量表信度分析结果

	整体	外部公平	内部公平	个人公平
Cronbach's α	0.91	0.79	0.86	0.90

3. 数据处理与分析

我们使用 SPSS 22.0 处理数据，对数据进行描述性统计、独立样本 T 检验、
单因素方差分析、多元方差分析、多重线性回归分析。

（二）访谈法

访谈法在本部分研究中不是独立使用，而是对问卷调查法获取数据的补充
和验证。

1. 访谈对象

本部分的访谈对象与第五章中的访谈对象相同，访谈对象的具体情况参见
第五章中的说明。

2. 访谈提纲

对中小学校长、中层干部、教师采用的都是半结构化访谈，并针对不同的
群体制定不同的访谈提纲。

（1）校长／中层干部访谈提纲。学校从哪些方面确保绩效工资方案制定、
实施过程公平？学校在绩效工资方案制定过程公开吗？这个过程是由谁来参与

的？学校会在绩效工资方案制定过程中向教师沟通吗？在绩效工资实施过程中，如果教师遇到问题，会向谁反映？学校有没有专门的负责人或机构？

（2）教师访谈提纲。从您及周围同事的角度来看，学校教师绩效工资方案制定、实施过程公平吗？学校在绩效工资方案制定过程公开吗？您能够参与这个过程吗？学校会在绩效工资方案制定过程中向您沟通吗？在绩效工资实施过程中，如果您遇到问题，会向谁反映？学校有没有专门的负责人或机构？

3.数据处理与分析

综合整理所有有关程序公平的访谈资料，对中小学校长、中层干部、普通教师的访谈资料按相应群体进行编码分析。

三、研究结果与分析

（一）中小学教师对绩效工资政策程序公平的整体感知

使用 SPSS 22.0 对数据进行描述性统计，得出中小学教师对绩效工资政策程序公平的评分为 3.52（标准差为 0.89），评分在 3.50~4.50 之间，处于较好水平，说明从整体上来看，中小学教师认为绩效工资政策程序公平评分刚刚达到较好水平，仍有较大的提升空间。对不同类型的教师的感知进行差异化检验（独立样本 T 检验、方差分析），结果发现，不同学校位置、不同性别、不同教龄、不同学历、不同职称、是否班主任、是否骨干在教师对程序公平的感知上没有显著性差异，但是不同级别学校教师、不同职称教师、不同管理职责教师对绩效工资程序公平的评价存在显著性差异（$P < 0.05$）。具体如表 6–3 所示。

（1）不同级别学校教师的评分存在显著性差异（$P < 0.001$），九年一贯制学校教师的评分明显高于小学、初中教师评分。通过 Scheffe 事后比较，九年一贯制教师与小学教师、初中教师都存在显著性差异，但小学教师与初中教师不存在显著性差异，说明九年一贯制教师认为绩效工资程序更加公平。

（2）不同职称教师的评分存在显著性差异（$P < 0.05$），职称未定级教师评分最高，高级职称教师评分最低，初级、中级职称教师评分一般。通过 Scheffe 事后比较，只有未定级教师与高级职称教师之间对程序公平的评分有显著性差异，未定级教师评分明显高于高级职称教师评分。这表明与高级职称教师比，

未定级教师认为绩效工资在程序上更公平。

（3）不同管理职责教师的评分存在显著性差异（$P < 0.001$），中层干部评分最高，普通教师评分最低。中层干部评分明显高于组长和普通教师，组长评分高于普通教师。通过 Scheffe 事后比较，中层干部、组长、教师之间都存在显著性差异，中层干部评分显著高于组长、普通教师评分，组长评分明显高于普通教师评分。也就是说，干部对程序公平的评分明显高于教师。这一结果与访谈的数据一致。在访谈中，中小学校长、中层干部都比较了解绩效工资政策的制定过程，他们认为这个过程是公开透明的，对所有教师都是公平的；绝大多数教师（11/12）声称不了解这个过程，但感觉这个过程是公平的。值得注意的是，教师凭感觉认为绩效工资制定过程公平，但是他们不了解这个过程本身就是不公平的。这样看来，普通教师在问卷调查中评分低于干部的评分也就不足为奇。

表 6-3　不同类型教师对绩效工资政策程序公平感知的差异性检验

	类型	均分	标准差	F	Scheffe 事后比较
学校级别	小学教师（1）	3.48	0.88	8.29***	（3）＞（1）* （3）＞（2）*
	初中教师（2）	3.44	0.91		
	九年一贯制教师（3）	3.78	0.86		
教龄	未评级（1）	3.71	0.87	3.71*	（1）＞（4）*
	初级（2）	3.47	0.87		
	中级（3）	3.55	0.91		
	高级（4）	3.23	0.92		
管理职责	普通教师（1）	3.44	0.86	18.57***	（3）＞（1）* （3）＞（2）* （2）＞（1）*
	组长（2）	3.64	0.65		
	中层干部（3）	4.22	0.89		

注：*P ≤ 0.05，**P ≤ 0.01，***P ≤ 0.001。

（二）中小学教师对绩效工资政策程序公平感知的具体分析

中小学教师绩效工资程序公平量表包括四个维度，每个维度由 2~3 个项目构成。通过 SPSS 22.0 描述统计、方差分析，结果如表 6-4 和表 6-5 所示。

（1）中小学教师在各维度上的平均评分处于 3.28~3.72，说明中小学教师认为绩效工资程序各维度的公平性处于较好水平和一般水平。

（2）比较教师对各维度的评分，中小学教师对公开（M=3.72，SD=0.92）、沟通（M=3.61，SD=0.96）两个维度的评分较高，评分都处于较好水平；相较而言，中小学教师对参与（M=3.28，SD=1.08）、申诉（M=3.39，SD=1.00）两个维度的评分较低，评分均处于一般水平。

（3）不同管理职责教师在四个维度上都有显著性差异。通过 Scheffe 事后比较，中层干部评分都显著高于组长、教师评分，除参与维度之外，组长、教师之间没有显著差异。而且，普通教师、中层干部、组长的评分与总体上四个维度的评分趋势是保持一致的。

普通教师是中小学校里数量最多的群体，他们对绩效工资政策程序公平的感知直接影响到绩效工资政策实施的效果。从四个维度来看，参与维度的得分最低，这与访谈的结果是一致的。12 位教师的访谈结果显示，只有 5 位教代会成员参与过绩效工资政策的制定过程，剩下的 7 位教师表示不仅没有参与过这个制定过程，而且也不了解这一过程。

申诉维度的评分也较低，这与访谈的结果也是一致的。不管是校长、中层干部，还是普通教师，他们都在访谈中提到学校在绩效工资政策实施过程中，都会安排相关人员负责解答教师的问题。绝大多数学校的相关人员为人事干部，也有些是负责教学的领导。但这些相关人员不是专职的，在学校负责的工作很多，如果教师遇到问题就去问相关负责人，这个负责人员的工作就会受到干扰，所以很多老师不会去反映问题，可能会在私下里向同事反映。而且，相关负责人员只是负责向有问题的教师解释，而不是直接解决，可能也会影响教师对这种回复满意度的评价。

在公开、沟通两个维度，中小学教师的评价相对较高。从访谈中发现，不管教师有没有参与到绩效工资方案的制定过程，学校领导都会在全体教师大会上向教师们公开方案并解读方案中具体的项目。之后，很多学校会公开方案，在具体考核的过程中还会向教师们公布考核结果。

表6-4 教师绩效工资政策程序公平各维度评分结果

维度	公开	参与	沟通	申诉
平均分	3.72	3.28	3.61	3.39
标准差	0.92	1.08	0.96	1.00

表6-5 不同管理职责教师对程序公平四个维度评分差异性检验

维度		普通教师（1）N=617	组长（2）N=172	中层干部（3）N=45	F	Scheffe 事后比较
公开	M	3.65	3.80	4.32	12.29***	（3）＞（1）* （3）＞（2）*
	SD	0.91	0.92	0.80		
参与	M	3.17	3.43	4.22	23.36***	（3）＞（1）* （3）＞（2）* （2）＞（1）*
	SD	1.07	1.05	0.73		
沟通	M	3.53	3.72	4.29	15.29***	（3）＞（1）* （3）＞（2）*
	SD	0.96	0.93	0.66		
申诉	M	3.31	3.52	4.01	12.27***	（3）＞（1）* （3）＞（2）*
	SD	1.02	0.90	0.73		

注：*P ＜ 0.05，**P ＜ 0.01，***P ＜ 0.001。

为了更为细致地分析中小学教师对绩效工资程序公平的评价，我们对数据进行项目水平的分析。具体做法是计算每一个项目的平均分，然后排序，结果如表6-6所示。

（1）各个项目的评分在3.18~3.89，表明中小学教师认为绩效工资程序公平上处于较好水平和一般水平，没有出现优秀水平（X ≥ 4.50）。

（2）高分项目主要分布在"公开"维度上，有两个项目的评分排在其他各项目之前，表明这些中小学教师对绩效工资的考核结果、相关方案的公开性和透明性评价相对较高。

（3）低分项目相对集中在"参与"维度上，有两个项目的评分排在其他各项目最后，说明教师在绩效工资方案制定过程中的参与是不够的。

（4）在项目水平上的分析结果与维度水平分析的发现基本一致，高分项目落在高分维度（公开维度）上，绝大多数低分项目落在低分维度（参与维度）上。

表6-6 教师绩效工资政策程序公平量表各题目评分（均分按从高到低排序）

序号	项目内容	所属维度	均分	3分及以下比例（%）
1	学校的绩效考核结果是公开的	公开	3.89	29.86
2	学校的绩效工资方案、绩效考核方案是公开的	公开	3.88	30.10
3	学校向教师详细说明绩效工资、绩效考核的实施方案	沟通	3.84	32.85
4	教师的申诉能够得到满意回复	申诉	3.41	51.92
5	我了解学校整体的教师基本工资和奖励工资水平	公开	3.38	52.16
6	学校有专门的申诉渠道，教师可以反映有关绩效政策的疑惑和问题	申诉	3.38	52.28
7	在方案实施过程中，学校经常跟教师沟通，听取教师意见	沟通	3.38	51.92
8	在制定绩效工资方案、绩效考核方案时，学校能充分尊重和考虑教师的意见	参与	3.38	50.48
9	教师能够参与绩效工资方案、绩效考核方案的制定	参与	3.18	58.03

从数据上来看，中小学教师对绩效工资政策程序公平中的参与维度的评价最低，参与维度的两个题项得分也是最低的，而且超过50%的人评分在3分及以上，说明大多数教师认为他们在绩效工资政策的制定程序中参与不够。这与中小学教师的访谈结果是一致的。从第五章中可知，绝大多数教师（11/12）声称不了解绩效工资政策制定过程，没有参与到绩效工资政策的制定过程中。需要注意的是，中小学校校长、干部在绩效工资政策的制定过程中都有参与的机会，与问卷中的数据也是一致的，他们对参与维度的评价明显高于普通教师。

公开维度是中小学教师对程序公平评分最高的维度，公开维度的两个题项得分也是最高的，约30%的人评分在3分及以上，说明大多数教师认为他们在绩效工资政策制定的参与过程中处于较好水平。需要注意的是，尽管公开维度评分最高，但是评分在4.0以下，仍有可提升的空间。从访谈的结果来看，很多教师对公开维度还是有意见的，需要做进一步的分析。在对校长、中层干部、教师的访谈中可知，所有受访者都提到年度的学年奖、教师激励机制考核结果都是在网上或大会上公开的，每个月绩效工资考核结果以工资条的形式向个人公开。❶但是，所有教师对工资条中的"超工作量津贴"项目都不是很了解，这会影响教师对绩效工资考核结果公开性的判断。

工资条记录着每个教职工的月收入总额及各分项。在工资条的项目中，绝大多数项目在一年内是不会变的，但超工作量津贴项目是每个月都会变的。所以，中小学教师拿到工资条后除了看月收入总额，最关注的是超工作量津贴项目。超工作量津贴实际上是中小学校自主制定绩效工资政策发放的每月绩效工资额。它在工资条里只有一个项目，但实际上反映了许多内容，如班主任费用、年级组长费用、教研组长费用、加班费用、公开课费用、获奖费用等。

通过访谈发现，所有教师都表示对工资条中的"超工作量津贴"项目不是很清楚。

T8 老师：

我们的工资条上所有的那些都只写了一个"超工作量津贴"，你完全不知道是什么意思，每个人都不一样，就两个人都当班主任，都教一个班，那也不一样，大家都不知道这个钱是怎么回事。

T2 老师：

绩效工资具体包括什么，这个我确实不清楚，反正有时候也搞不懂，工资条也看不懂，这么多年一直有些疑惑。比如说工资条里包括的班主任费吧，班主任费在班主任津贴里面，也会在超工作量津贴里，这个超工作量就弄不懂。班主任费上边只写了400元钱，就不知道其他的班主任费用体现在哪儿。

T12 老师：

你一次性拿到钱（在超工作量津贴里），比别人多，你就得自己去琢磨了，到底是哪几项多的。现在的工资条还是不够细。比如说你带一学生带出了成绩，奖你200元钱，但不知道是放在了哪一个月里或者不知道放在了哪儿，也

---

❶　每月的工资条都会放在学校会计那里，教师各自去领取。先去拿工资条的教师就能看其他教师的工资条。

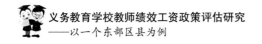

就不知道这钱给没给。

对工资条中的超工作量津贴项目，中小学教师提出应该列出这个项目所包含的各个项目，这样会更加公开透明。

T3 老师：

我觉得工资条中"超工作量津贴"这一项应该写清楚一点，要不然的话，大家都不明白具体意思啊。赚多少钱是一方面，可能全 H 市都是这样的标准，比如我教研组长就这么多，班主任就这么多，你没有什么理由去反驳，因为政策就是这样制定的，你改变不了。但是你要知道你干了这个工作人家给你多少钱，就在这件事情大家经常会吐槽。

T9 老师：

对于超工作量津贴不明白的地方，我们可以去问会计，他会解释清楚。可是毕竟不能每月都问呀，而且会计也算是个干部，所以工资条上超工作量津贴应该列得更清楚些会更好，大家就会更清楚了。

T5 老师：

超工作量津贴所包含内容里有好几项，现在工资条上只有"超工作量津贴"一项，要是都列出来，就会更清楚，现在没到那细致程度，就更公开透明嘛。

（三）中小学教师对绩效工资政策分配公平的整体感知

使用 SPSS 22.0 对数据进行描述性统计，得出中小学教师对绩效工资政策在分配公平上的整体评分为 3.33（标准差为 0.78），在 2.50~3.50，处于一般水平，说明从整体上来看，中小学教师认为绩效工资政策分配公平上处于一般水平，并且内部差异较小。对不同类型教师的感知进行差异化检验（独立样本 T 检验、方差分析），结果发现，不同学校位置、不同性别、不同教龄、不同学历、不同职称、是否班主任、是否骨干，在教师对绩效工资政策分配公平的感知上没有显著性差异，但是不同级别学校教师、不同职称教师、不同管理职责教师对绩效工资政策分配公平的评价存在显著性差异（$P < 0.05$）。具体结果如表 6-7 所示。

（1）不同学校级别教师的评分存在显著性差异（$P < 0.001$），九年一贯制学校教师的评分明显高于小学、初中教师评分。通过 Scheffe 事后比较，九年

一贯制教师与小学教师、初中教师都存在显著性差异，但小学教师与初中教师不存在显著性差异，说明九年一贯制教师认为绩效工资政策分配结果更加公平。

（2）不同职称教师的评分存在显著性差异（$P < 0.05$），未定级教师评分最高，高级职称教师评分最低，初级、中级职称教师评分一般。通过 Scheffe 事后比较，只有未定级教师与高级职称教师之间对分配公平的评分有显著性差异，未定级教师评分明显高于高级职称教师评分。这表明与高级职称教师比，未定级教师认为绩效工资在分配结果上更公平。

（3）不同管理职责教师的评分存在显著性差异（$P < 0.001$），中层干部评分最高，普通教师、组长评分较低。通过 Scheffe 事后比较，中层干部、组长、教师之间都存在显著性差异，中层干部评分显著高于组长、普通教师。也就是说，干部对分配结果公平的评分明显高于教师。

表 6-7 不同类型教师对绩效工资政策分配公平评分的差异性检验

类型		均分	标准差	F	Scheffe 事后比较
学校级别	小学教师（1）	3.27	0.82	8.28^{***}	（3）＞（1）* （3）＞（2）*
	初中教师（2）	3.31	0.76		
	九年一贯制教师（3）	3.56	0.69		
职称	未评级（1）	3.53	0.89	3.75^{*}	（1）＞（4）*
	初级（2）	3.29	0.78		
	中级（3）	3.34	0.75		
	高级（4）	3.12	0.68		
管理职责	普通教师（1）	3.31	0.79	5.96^{**}	（3）＞（1）* （3）＞（2）*
	组长（2）	3.30	0.77		
	中层干部（3）	3.72	0.62		

注：$^{*}P < 0.05$，$^{**}P < 0.01$，$^{***}P < 0.001$。

（四）中小学教师对绩效工资政策分配公平感知的具体分析

对数据各维度的得分进行描述性统计，得出中小学教师对绩效工资政策分配公平感知的特点，具体结果如表 6-8 和表 6-9 所示。

（1）三个维度的评分在 3.13~3.51，表明中小学教师对三个维度的评分不是很高，这三个方面的公平性仍有提升的空间。

（2）中小学教师对个人公平评价相对较高，得分为 3.51，刚刚达到较好水平，表明中小学教师对由学校制定绩效工资方案影响的个人公平的评价相对较好；中小学教师对外部公平的评价最低，得分为 3.13，处于一般水平，而且明显低于个人公平和内部公平两个维度的评分，说明中小学教师认为当前的绩效工资水平没有反映教师在就业市场上的价值。

（3）不同管理职责教师在三个维度上都有显著性差异。通过 Scheffe 事后比较，中层干部评分在三个维度上都显著高于组长、教师的评分。而且，普通教师、中层干部、组长的评分与总体上三个维度的评分趋势基本保持一致。

表 6-8　教师对绩效工资分配公平三个维度评分结果

维度	外部公平	内部公平	个人公平
平均分	3.13	3.47	3.51
标准差	0.86	0.93	0.87

表 6-9　不同管理职责教师对分配公平三个维度评分的差异性检验

维度		普通教师（1）N=617	组长（2）N=172	中层干部（3）N=45	F	Scheffe 事后比较
外部公平	M	3.13	3.03	3.46	4.42^{*}	（3）＞（1）* （3）＞（2）*
	SD	0.85	0.87	0.74		
内部公平	M	3.42	3.50	3.97	7.42^{**}	（3）＞（1）* （3）＞（2）*
	SD	0.93	0.92	0.69		
个人公平	M	3.48	3.51	3.88	4.33^{*}	（3）＞（1）* （3）＞（2）*
	SD	0.88	0.86	0.65		

注：$*P < 0.05$，$**P < 0.01$，$***P < 0.001$ 次。

为了更为细致地分析中小学教师对绩效工资政策分配公平的评价，我们对数据进行项目水平的分析。对数据在题目水平上的得分进行描述性统计，得出中小学教师在量表7道题目上的评分，具体如表6-10所示。

（1）各校教师对各题目的评分都较低，评分大多在2.79~3.50，表明各校教师对他们在外部公平、内部公平、个人公平各题目上的评价都不够高，认为在这些方面的分配公平性都有待提高。

（2）各校教师评分较高的两个题目集中在个人公平维度上，评分分别为3.53、3.49，略高于内部公平维度的评分，明显高于外部公平维度的评分，表明各校教师对于他们自己的分配结果来说公平感略好。

（3）各校教师评分较低的两个题目集中在外部公平维度上，分数分别为2.79、3.21，明显低于其他题目的评分，说明各校教师认为与其他行业、其他地区相同工作的收入相比是不够公平的。

（4）各校教师对本区其他学校相同性质的工作比较评分也不高，认为与其他学校相同性质的工作相比不太公平，值得关注。

（5）从题目水平的数据来看，各校教师对各题目的评分都较低；相较而言，评分较低的两个题目集中在外部公平上，得分较高的题目集中在个人公平，这与维度水平的分析结果一致。

表6-10　教师绩效工资政策分配公平量表各题目评分（均分按从高到低排序）

序号	题目	平均分	标准差	所属维度
1	就工作绩效而言，我所获得的收入是公平的	3.53	0.90	个人公平
2	就工作努力程度而言，我所获得的收入是公平的	3.49	0.92	个人公平
3	学校的绩效工资政策符合"多劳多得、优绩优酬"原则	3.48	1.00	内部公平
4	学校的工资政策能反映出不同职位（岗位、职务、职称）的贡献	3.46	0.98	内部公平
5	与本区其他学校相同性质的工作比较，我的收入是公平合理的	3.39	0.93	外部公平
6	与其他区域相同性质的工作比较，我的收入是公平合理的	3.21	0.99	外部公平
7	与其他行业相比，我的收入是具有竞争力的	2.79	1.12	外部公平

第七章 义务教育学校教师绩效工资政策实效性评估

实效性是义务教育学校教师绩效工资政策最为重要的一个评估标准。如果绩效工资政策体现了合法性和公平性，但是没有收到预期的效果，那么教师绩效工资政策的意义就打折扣了。《绩效工资指导意见》明确强调中小学教师绩效工资政策的重要目标是吸引和鼓励各类优秀人才长期从教、终身从教。在实践中，教师绩效工资政策是否起到了保留教师、激励教师的作用，是当前我国教育行政部门、中小学管理者、教师以及理论研究者们普遍关心的问题。

本章以中小学教师为调查对象，使用问卷调查法，收集有关教师绩效工资政策实效性的数据，对教师绩效工资政策在实践中的效果进行科学、规范、系统的评估，对于我国中小学教师绩效工资政策的实施和改进具有重要的意义。

一、研究问题

依照实效性评估框架，本章主要探讨两个方面的问题，一个是绩效工资政策的保留实效性，另一个是绩效工资政策的激励实效性。具体的研究问题如下。

1.绩效工资政策对中小学教师组织承诺的影响

绩效工资政策实施后，中小学教师的组织承诺水平怎样？不同类型教师之间有没有差异？绩效工资政策实施前后，中小学教师的组织承诺水平有何变化？教师绩效工资政策合法性、公平性对教师组织承诺有何影响？

2.绩效工资政策对中小学教师职业承诺的影响

绩效工资政策实施后，中小学教师的职业承诺水平怎样？不同类型教师之间有没有差异？绩效工资政策实施前后，中小学教师的职业承诺水平有何变化？教师绩效工资政策合法性、公平性对教师职业承诺有何影响？

3.绩效工资政策对中小学教师工作满意度的影响

绩效工资政策实施后，中小学教师的工作满意度水平怎样？不同类型教师之间有没有差异？绩效工资政策实施前后，中小学教师的工作满意度水平有何变化？教师绩效工资政策合法性、公平性对教师工作满意度有何影响？

4.绩效工资政策对中小学教师工作投入的影响

绩效工资政策实施后，中小学教师的工作投入水平怎样？不同类型教师之间有没有差异？绩效工资政策实施前后，中小学教师的工作投入水平有何变化？教师绩效工资政策合法性、公平性对教师工作投入有何影响？

二、研究方法

在本章研究中，我们采用问卷调查法评估中小学教师绩效工资政策的实效性。

（一）调查对象

本章采用问卷调查法收集数据。样本选取及调查对象相关情况已在第五章中说明。

（二）调查工具

本章研究使用四个量表，量表分别介绍如下。

1.中小学教师组织承诺量表

本章使用的组织承诺量表是研究者参考迈耶等人针对护士职业开发的组织承诺量表、结合中小学组织的实际编制而成，由12道题目构成，每个维度4道题目。量表题目类型为肯定或否定的陈述句，采用五点计分，由"1-非常不符合"到"5-非常符合"。（见附表3）

对试测数据进行信效度分析，确保问卷的质量。使用 SPSS 22.0 对试测获得的组织承诺数据进行信度分析，发现在删除持续承诺、规范承诺各 1 题的情况下，量表的信度能够得到大幅提升，删减后的组织承诺量表各维度及整个量表的 Cronbach's α 在 0.66~0.74 之间，量表信度可接受。使用 Amos 22.0 对数据进行效度分析，检验量表（删除 2 题后的量表）的结构效度。图 7-1 呈现了量表的标准化因素载荷，可以看出，组织承诺模型的标准化因素载荷值在 0.54~0.96 之间，说明量表有较好的效度。表 7-1 呈现了组织承诺的模型适配度指数，可以得出，中小学教师组织承诺量表模型拟合较好，有良好的结构效度。具体表现为：（1）拟合优度卡方检验。χ^2/df 为 1.638，小于 2，表示模型拟合较好；（2）近似均方根误差（RMSEA）为 0.068，处于 0.05~0.08 之间，表示模型拟合较好；（3）其他拟合指数，GFI、IFI 和 CFI 均在 0.90 以上，表示模型拟合较好。

表 7-1　教师组织承诺量表验证性因素分析整体模型适配度指数

模型	χ^2	df	P	χ^2/df	GFI	IFI	CFI	RMSEA
预设模型 Default model	52.402	32	0.013	1.638	0.929	0.943	0.940	0.068

经过试测发现，中小学教师组织承诺量表有良好的信效度，可以用于实测。在实测中，我们从 A 区收集到 834 份有效问卷，使用 SPSS 22.0 对数据进行信度分析。从表 7-2 可知，教师组织承诺量表整体的 Cronbach's α 为 0.66；从各维度来看，三个维度的 Cronbach's α 均大于 0.65。不管从整体上还是从各维度上来看，教师组织承诺量表的信度都可接受。

表 7-2　教师组织承诺量表整体及其各维度的信度分析结果

	整体	情感承诺	持续承诺	规范承诺
Cronbach's α	0.66	0.75	0.70	0.65

2. 中小学教师职业承诺量表

职业承诺量表是研究者参考迈耶等人针对护士职业开发的职业承诺量表、结合中小学教师职业的实际编制而成，由 12 道题目组成，每个维度 4 道题目。

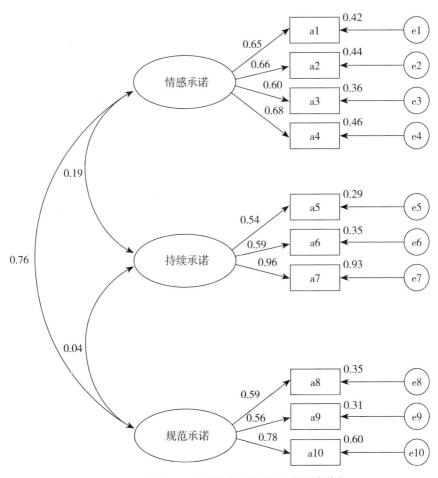

图 7-1　教师组织承诺量表结构及标准化因素载荷

量表题目类型为肯定或否定的陈述句，采用五点计分，由"1- 非常不符合"到"5- 非常符合"。（见附表 4）

　　对试测数据进行信效度分析，确保问卷的质量。使用 SPSS 22.0 对试测中的职业承诺数据进行信度分析，得出教师职业承诺量表各维度及整个量表的 Cronbach's α 在 0.75~0.85 之间，表明量表具有良好的信度。使用 Amos 22.0 对数据进行效度分析，检验量表的结构效度。图 7-2 呈现了量表的标准化因素载荷，可以看出，职业承诺模型的标准化因素载荷值在 0.44~0.82 之间，说明量表有较好的效度。表 7-3 呈现了职业承诺的模型适配度指数，可以得出，中

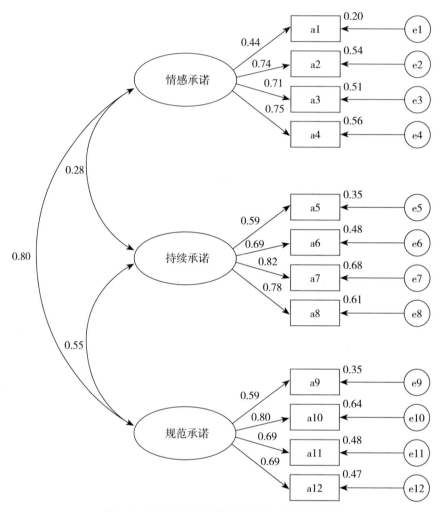

图 7-2 教师职业承诺量表结构及标准化因素载荷

小学教师职业承诺量表模型拟合较好，有良好的结构效度。具体表现为：（1）拟合优度卡方检验。χ^2/df 为 1.997，小于 2，表示模型拟合较好；（2）近似均方根误差（RMSEA）为 0.082，略大于 0.08，表示模型拟合良好；（3）其他拟合指数，GFI、IFI 和 CFI 均在 0.90 以上，表示模型拟合较好。

表 7-3　教师职业承诺量表验证性因素分析整体模型适配度指数

模型	χ^2	df	P	χ^2/df	GFI	IFI	CFI	RMSEA
预设模型 Default model	101.823	51	0.000	1.997	0.900	0.924	0.922	0.082

经过试测发现，中小学教师职业承诺量表有良好的信效度，可以用于实测。在实测中，我们从 A 区收集到 834 份有效问卷，使用 SPSS 22.0 对数据进行信度分析。从表 7-4 可知，教师职业承诺量表整体的 Cronbach's α 为 0.84；从各维度来看，三个维度的 Cronbach's α 均大于 0.70。不管从整体上还是从各维度上来看，教师职业承诺量表都具有良好的信度。

表 7-4　教师职业承诺量表整体及其各维度的信度分析结果

	整体	情感承诺	持续承诺	规范承诺
Cronbach's α	0.84	0.82	0.80	0.72

3. 中小学教师工作满意度量表

工作满意度量表是研究者参考鲍尔泽等人开发了缩减版的 JDI 问卷编制而成，选取 JDI 问卷中五个维度中的工作本身、报酬、领导和同事四个维度。工作满意度量表由 12 道题目构成，每个维度 3 道题目。在题目的设计过程中，我们对原量表进行了些许调整，一方面，原量表的每道题目都是由一个形容词构成，我们对题目表述进行了调整，由之前的一个单词转化为一个陈述句，原有意思保持不变。量表采用五点计分，由"1- 非常不符合"到"5- 非常符合"。（见附表 5）

对试测数据进行信效度分析，确保问卷的质量。使用 SPSS 22.0 对试测中的工作满意度数据进行信度分析，得出工作满意度量表各维度及整个量表的 Cronbach's α 在 0.67~0.80 之间，表明量表具有良好的信度。使用 Amos 22.0 对数据进行效度分析，检验量表的结构效度。图 7-3 呈现了量表的标准化因素载荷，可以看出，工作满意度模型的标准化因素载荷值在 0.42~0.99 之间，说明量表有较好的效度。表 7-5 呈现了工作满意度量表的模型适配度指数，可以得出，教师工作满意度量表模型拟合较好，有良好的结构效度。具体表现为：（1）拟合优度卡方检验。χ^2/df 为 1.706，小于 2，表示模型拟合较好；（2）近

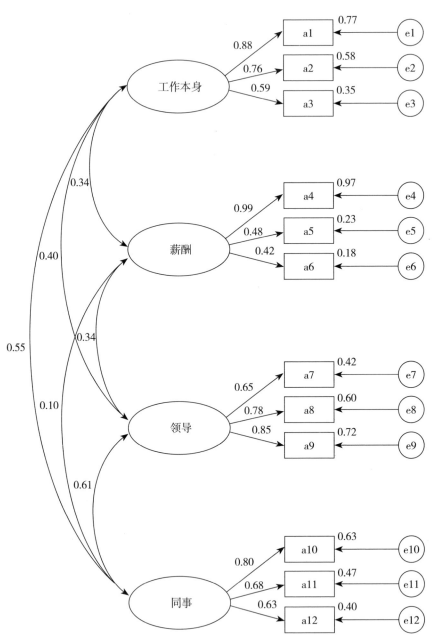

图 7-3　教师工作满意度量表结构及标准化因素载荷

似均方根误差（RMSEA）为 0.073，处于 0.05~0.08 之间，表示模型拟合较好；（3）其他拟合指数，GFI、IFI 和 CFI 均在 0.90 左右，表示模型拟合较好。

表 7-5　教师工作满意度量表验证性因素分析整体模型适配度指数

模型	χ^2	df	P	χ^2/df	GFI	IFI	CFI	RMSEA
预设模型 Default model	81.877	48	0.002	1.706	0.909	0.936	0.909	0.073

经过试测发现，中小学教师工作满意度量表有良好的信效度，可以用于实测。在实测中，我们从 A 区收集到 834 份有效问卷，使用 SPSS 22.0 对数据进行信度分析。使用 SPSS 22.0 对数据进行信度分析，从表 7-6 可知，教师工作满意度量表整体的 Cronbach's α 为 0.86；从各维度来看，除薪酬维度外其他各维度的 Cronbach's α 均大于 0.70。不管从整体上还是从各维度上来看，教师工作满意度量表具有良好的信度。

表 7-6　教师工作满意度量表整体及其各维度的信度分析结果

	整体	工作本身	薪酬	领导	同事
Cronbach's α	0.86	0.75	0.65	0.90	0.71

4. 中小学教师工作投入量表

工作投入量表是研究者参考萧费利等人针对公司职员开发的乌勒支工作投入量表（Utrecht Work Engagement Scale，UWES）、结合中小学教师职业的实际编制而成，由 12 道题目构成，每个维度 4 道题目。量表题目类型为肯定的陈述句，采用五点计分，由"1- 非常不符合"到"5- 非常符合"。（见附表 6）

对试测数据进行信效度分析，确保问卷的质量。使用 SPSS 22.0 对试测中的工作投入数据进行信度分析，得出教师工作投入量表各维度及整个量表的 Cronbach's α 在 0.86~0.94 之间，表明量表具有良好的信度。使用 Amos 22.0 对数据进行效度分析，检验量表的结构效度。图 7-4 呈现了量表的标准化因素载荷，可以看出，工作投入模型的标准化因素载荷值在 0.59~0.83 之间，说明量表有较好的效度。表 7-7 呈现了工作投入量表的模型适配度指数，可以得出，教师工作投入量表模型拟合较好，有良好的结构效度。具体表现为：

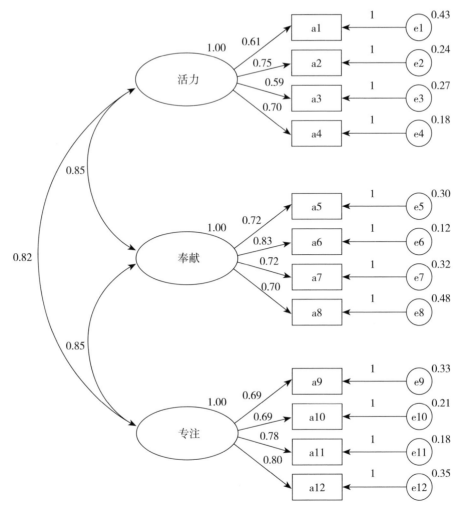

图 7-4　教师工作投入量表结构及标准化因素载荷

（1）拟合优度卡方检验。χ^2/df 为 1.782，小于 2，表示模型拟合较好；（2）近似均方根误差（RMSEA）为 0.072，处于 0.05~0.08 之间，表示模型拟合较好；（3）其他拟合指数，GFI、IFI 和 CFI 均在 0.90 以上，表示模型拟合较好。

表 7-7　教师工作投入量表验证性因素分析整体模型适配度指数

模型	χ^2	df	P	χ^2/df	GFI	IFI	CFI	RMSEA
预设模型 Default model	90.888	51	0.000	1.782	0.906	0.969	0.968	0.072

经过试测发现，中小学教师工作投入量表有良好的信效度，可以用于实测。在实测中，我们从 A 区收集到 834 份有效问卷，使用 SPSS 22.0 对数据进行信度分析。从表 7-8 可知，教师工作投入量表整体的 Cronbach's α 为 0.95；从各维度来看，三个维度的 Cronbach's α 均大于 0.80。不管从整体上还是从各维度上来看，教师工作投入量表都具有良好的信度。

表 7-8　教师工作投入量表整体及其各维度的信度分析结果

	整体	活力	奉献	专注
Cronbach's α	0.95	0.84	0.91	0.88

（三）数据收集与分析

为了更好地分析绩效工资政策对中小学教师组织承诺、职业承诺、工作满意度、工作投入的影响，我们在问卷的选项中设计绩效工资实施前、绩效工资实施后两列，绩效工资实施前入职的教师通过比较绩效工资实施前后的效果分别做出选择，绩效工资实施后入职的教师只需判断绩效工资后的效果。对于收集到的数据，我们使用 SPSS 22.0 处理，进行描述性统计、独立样本 T 检验、单因素方差分析、多元方差分析、配对样本 T 检验（paired-samples T test）、多重线性回归分析。

三、研究结果与分析

（一）绩效工资政策实施前后中小学教师组织承诺水平

1.绩效工资实施后，中小学教师组织承诺处于一般水平

使用 SPSS 22.0 对数据进行描述性统计，得出在绩效工资政策影响下中小学教师组织承诺评分为 3.44（标准差 0.51），在 2.5~3.5 之间，属于一般水平，说明从整体上来看，中小学教师组织承诺水平一般，仍有待进一步提高。对不同类型教师在组织承诺上的评分进行差异化检验（独立样本 T 检验、单元方差分析），结果发现（见表 7-9），不同性别、不同教龄、不同职称、不同学科、不同原始学历、不同最后学历、不同管理职责、是否骨干教师、是否班主任教

师在组织承诺上没有呈现出显著性差异，但是不同位置学校教师、不同级别学校教师在组织承诺上存在显著性差异（$P < 0.05$）。经过 Scheffe 事后比较，城镇教师的组织承诺水平明显高于山区教师，九年一贯制教师的组织承诺水平明显高于小学、初中教师。这表明在绩效工资政策影响下城镇教师对组织承诺的评价显著高于山区教师，九年一贯制教师对组织承诺的评价明显高于小学、初中教师。

表 7-9 不同类型教师在组织承诺水平上的平均数差异分析

	类型	均分	标准差	F	Scheffe 事后比较
学校位置	城镇教师（1）	3.49	0.49	3.98*	（1）>（3）*
	平原教师（2）	3.44	0.52		
	山区教师（3）	3.35	0.51		
学校级别	小学教师（1）	3.42	0.50	5.16**	（3）>（1）* （3）>（2）*
	初中教师（2）	3.41	0.51		
	九年一贯制教师（3）	3.56	0.51		

注：*P < 0.05，**P < 0.01，***P < 0.001。

2.绩效工资实施前后，中小学教师组织承诺水平没有显著性变化

为了分析绩效工资实施对教师组织承诺水平的影响，我们在问卷中让绩效工资实施前入职的教师比较绩效工资实施前后组织承诺水平的变化。470 位中小学教师比较了绩效工资实施前后组织承诺的差异。使用 SPSS 22.0 中的配对样本 T 检验，比较绩效工资实施前后教师组织承诺之间的差异。结果发现（见表 7-10），教师在绩效工资实施前后对组织承诺的评分无论在整体上还是在各维度上都没有显著性差异，这说明绩效工资政策对教师组织承诺水平没有带来什么影响。

表 7-10 教师绩效工资政策实施前后对其组织承诺的差异分析

	所处阶段	平均值	标准差	t
组织承诺整体	绩效工资实施后	3.46	0.49	0.37
	绩效工资实施前	3.45	0.46	
情感承诺	绩效工资实施后	3.72	0.78	−0.37
	绩效工资实施前	3.73	0.71	
持续承诺	绩效工资实施后	3.01	0.83	1.86
	绩效工资实施前	2.97	0.80	
规范承诺	绩效工资实施后	3.55	0.74	−0.66
	绩效工资实施前	3.56	0.69	

注：*$P < 0.05$，**$P < 0.01$，***$P < 0.001$。

（二）教师绩效工资政策合法性、公平性与其组织承诺的关系

分别计算中小学教师绩效工资政策合法性、公平性知觉与组织承诺之间的积差相关，发现它们之间均呈现极其显著的正相关（$P < 0.001$），相关系数介于 0.45~0.52 之间，如表 7-11 所示。

表 7-11 教师绩效工资政策合法性、公平性与组织承诺相关分析结果

	教师组织承诺
绩效工资政策合法性	0.45***
绩效工资政策程序公平	0.52***
绩效工资政策分配公平	0.50***

注：*$P < 0.05$，**$P < 0.01$，***$P < 0.001$。

接下来，我们采用多重线性回归方法分析中小学教师绩效工资政策合法性、公平性对其组织承诺的预测效应。具体做法是，以教师组织承诺为因变量，将学校位置、学校类型两个对组织承诺有显著影响的人口统计学变量转化成虚拟变量之后再用强迫法（Enter）进入第一层；将中小学教师绩效工资政策合法性、程序公平、分配公平以顺序法（Stepwise）进入第二层，绩效工资政

策合法性没有进入到回归方程中（见表7–12）。结果可知，在控制了人口统计学变量之后，中小学教师绩效工资政策程序公平、分配公平对教师组织承诺具有显著的正向预测作用。

由此可知，中小学教师绩效工资政策程序公平、分配公平都是影响教师组织承诺的重要因素，都能有效预测教师的组织承诺水平。

表7–12　绩效工资政策合法性、公平性对组织承诺的多重线性回归分析

		教师组织承诺		
		B	β	t
人口统计学变量	城镇教师	0.07	0.06	2.01[*]
	山区教师	−0.07	−0.05	−1.74
	小学教师	0.01	0.01	0.19
	九年一贯制教师	0.06	0.04	1.24
政策合法性、公平性	程序公平	0.18	0.32	7.20[***]
	分配公平	0.17	0.26	5.78[***]
R		0.55		
R^2		0.31		
调整后的 R^2		0.30		

注：*P < 0.05，**P < 0.01，***P < 0.001。

（三）绩效工资政策实施前后中小学教师职业承诺水平

1. 绩效工资政策实施后，中小学教师职业承诺处于较好水平

使用 SPSS 22.0 对数据进行描述性统计，得出在绩效工资政策影响下中小学教师职业承诺评分为 3.66（标准差 0.61），在 3.5~4.5 之间，属于较好水平，说明从整体上来看，中小学教师职业承诺水平较好，但评分未到 4.0 以上，仍有提升的空间。对不同类型教师在职业承诺上的评分进行差异化检验（独立样本 T 检验、单元方差分析），结果发现（见表7–13），不同学校位置、不同学校类型、不同性别、不同职称、不同原始学历、不同管理职责、是否骨干教师、是否班主任教师在组织承诺上没有呈现出显著性差异，但是不同教龄教师、不

同学科教师、不同最后学历教师在职业承诺上存在显著性差异（$P < 0.05$）。经过 Scheffe 事后比较，教龄为 31 年以上的教师职业承诺水平明显高于教龄为 3 年以下教师，副科教师的职业承诺水平明显高于主科教师，最后学历为大专及以下教师职业承诺水平显著高于大学本科教师。

表 7-13　不同类型教师在职业承诺水平上的平均数差异分析

类型		均分	标准差	F	Scheffe 事后比较
教龄	3 年以下（1）	3.63	0.64	2.63*	（5）＞（1）*
	4~6 年（2）	3.65	0.65		
	7~18 年（3）	3.64	0.60		
	19~30 年（4）	3.68	0.56		
	31 年以上（5）	4.03	0.66		
学科	主科教师（1）	3.62	0.61	4.29*	（2）＞（1）*
	副科教师（2）	3.71	0.61		
最后学历	大专及以下（1）	3.95	0.61	5.33**	（1）＞（2）*
	大学本科（2）	3.64	0.59		
	研究生及以上（3）	3.95	0.61		

注：*P < 0.05，**P < 0.01，***P < 0.001。

2. 虽然中小学教师在绩效工资实施前后的职业承诺整体水平、持续承诺上有显著性差异，实际上教师对政策实施前后的评分相差并不大

为了分析绩效工资实施对教师职业承诺水平的影响，我们在问卷中让绩效工资实施前入职的教师比较绩效工资实施前后职业承诺水平的变化。471 位中小学教师比较了绩效工资实施前后组织承诺的差异。使用 SPSS 22.0 中的配对样本 T 检验，比较绩效工资实施前后教师组织承诺之间的差异。结果发现（见表 7-14），教师在绩效工资实施后的职业承诺整体水平、持续承诺略高于绩效工资实施前，呈现显著性差异（$P < 0.05$），但实际上教师对政策实施前后的评分相差并不大。

表 7-14　教师绩效工资政策实施前后对其职业承诺的差异分析

	所处阶段	平均值	标准差	t
组织承诺整体	绩效工资实施后	3.69	0.57	2.40*
	绩效工资实施前	3.67	0.57	
情感承诺	绩效工资实施后	3.79	0.80	0.24
	绩效工资实施前	3.78	0.78	
持续承诺	绩效工资实施后	3.79	0.78	3.24**
	绩效工资实施前	3.73	0.77	
规范承诺	绩效工资实施后	3.51	0.74	1.63
	绩效工资实施前	3.49	0.73	

注：*P < 0.05，**P < 0.01，***P < 0.001。

（四）教师绩效工资政策合法性、公平性与其职业承诺的关系

分别计算中小学教师绩效工资政策合法性、公平性与职业承诺之间的积差相关，发现它们之间均呈现极其显著的正相关（$P < 0.001$），相关系数介于0.30~0.39之间（见表7-15）。

表 7-15　教师绩效工资政策合法性、公平性与职业承诺相关分析

	教师职业承诺
绩效工资政策合法性	0.30***
绩效工资政策程序公平	0.35***
绩效工资政策分配公平	0.39***

注：*P < 0.05，**P < 0.01，***P < 0.001。

接下来，我们采用多重线性回归方法分析中小学教师绩效工资政策合法性、公平性对其职业承诺的预测效应。具体做法是，以教师职业承诺为因变量，将教龄、学科、最后学历三个对职业承诺有显著影响的人口统计学变量转化成虚拟变量之后再用强迫法（Enter）进入第一层；将中小学教师绩效工资政策合法性以顺序法（Stpwise）进入第二层，绩效工资政策合法性没有进入到回归方程中（见表7-16）。结果可知，在控制了人口统计学变量之后，中小学

教师绩效工资政策分配公平、程序公平对教师职业承诺具有显著的正向预测作用。

由此可见，中小学教师绩效工资政策分配公平、程序公平都是影响教师职业承诺的重要因素，都能有效预测教师的职业承诺水平。

表7-16 绩效工资政策合法性、公平性对职业承诺的多重线性回归分析

		教师职业承诺		
		B	β	t
人口统计学变量	3年以下	−0.09	−0.06	−1.62
	4~6年	0.02	0.01	0.26
	19~30年	0.08	0.06	1.56
	31年以上	0.28	0.08	2.12[*]
	副科教师	0.04	0.04	1.12
	最后学历为大专及以下教师	0.01	0.00	0.09
	最后学历为大学本科教师	−0.20	−0.11	−3.00[**]
政策合法性、公平性	分配公平	0.23	0.30	6.28[***]
	程序公平	0.09	0.14	2.86[***]
R		0.44		
R^2		0.19		
调整后的R^2		0.18		

注：*P < 0.05，**P < 0.01，***P < 0.001。

（五）绩效工资政策实施前后中小学教师工作满意度水平

1.绩效工资实施后，中小学教师工作满意度处于较好水平

使用SPSS 22.0对数据进行描述性统计，得出在绩效工资政策影响下中小学教师工作满意度评分为3.66（标准差0.56），在3.5~4.5之间，属于较好水平，说明从整体上来看，中小学教师工作满意度水平较好，但评分未到4.0以上，仍有提升的空间。对不同类型教师在工作满意度上的评分进行差异化检验（独立样本T检验、单元方差分析），结果发现（见表7-17），不同位置教师、

不同性别、不同教龄、不同职称、不同学科、不同原始学历、不同最后学历、是否骨干教师、是否班主任教师在工作满意度上没有呈现出显著性差异，但是不同类型学校、不同入职时间、不同管理职责教师在工作满意度上存在显著性差异（$P < 0.05$）。经过 Scheffe 事后比较，九年一贯制教师的工作满意度水平明显高于小学、初中教师，中层干部的工作满意度水平明显高于普通教师。这表明九年一贯制教师对工作满意度的评价明显高于小学、初中教师，中层干部对工作满意度的评价明显高于普通教师。

表 7-17　不同类型教师在工作满意度水平上的平均数差异分析

	类型	均分	标准差	F	Scheffe 事后比较
学校类型	小学教师（1）	3.63	0.55	8.17***	（3）>（1）* （3）>（2）*
	初中教师（2）	3.63	0.58		
	九年一贯制教师（3）	3.83	0.53		
管理职责	普通教师（1）	3.65	0.56	3.44*	（3）>（1）*
	组长（2）	3.67	0.55		
	中层干部（3）	3.87	0.58		

注：*P < 0.05，**P < 0.01，***P < 0.001。

2. 绩效工资实施前后，中小学教师工作满意度水平没有显著性变化

为了分析绩效工资实施对教师工作满意度水平的影响，我们在问卷中让绩效工资实施前入职的教师比较绩效工资实施前后工作满意度水平的变化。465位中小学教师比较了绩效工资实施前后工作满意度的差异。使用 SPSS 22.0 中的配对样本 T 检验，比较绩效工资实施前后教师工作满意度之间的差异。结果发现（见表 7-18），教师在绩效工资实施前后对工作满意度的评分无论在整体上还是在各维度上都没有显著性差异，这说明绩效工资政策对教师工作满意度水平没有带来什么影响。

表 7-18　教师绩效工资政策实施前后对其工作满意度的差异分析

	所处阶段	平均值	标准差	t
工作满意度整体	绩效工资实施后	3.66	0.55	1.72
	绩效工资实施前	3.63	0.53	
工作本身	绩效工资实施后	3.69	0.70	1.19
	绩效工资实施前	3.67	0.68	
薪酬	绩效工资实施后	2.97	0.69	1.05
	绩效工资实施前	2.95	0.63	
领导	绩效工资实施后	3.86	0.88	0.73
	绩效工资实施前	3.84	0.95	
同事	绩效工资实施后	4.11	0.69	1.71
	绩效工资实施前	4.08	0.71	

注：*$P < 0.05$，**$P < 0.01$，***$P < 0.001$。

（六）教师绩效工资政策合法性、公平性与其工作满意度的关系

分别计算中小学教师绩效工资政策合法性、公平性与工作满意度之间的积差相关，发现它们之间均呈现极其显著的正相关（$P < 0.001$），相关系数介于 0.54~0.61 之间（见表 7-19）。

表 7-19　教师绩效工资政策合法性、公平性与工作满意度相关分析

	教师工作满意度
绩效工资政策合法性	0.54***
绩效工资政策程序公平	0.59***
绩效工资政策分配公平	0.61***

注：*$P < 0.05$，**$P < 0.01$，***$P < 0.001$。

接下来，我们采用多重线性回归方法分析中小学教师绩效工资政策合法性、公平性对其工作满意度的预测效应。具体做法是，以教师工作满意度为因变量，将学校类型、管理职责三个对组织承诺有显著影响的人口统计学变量转化成虚拟变量之后再用强迫法（Enter）进入第一层；将中小学教师绩效工资

政策合法性以顺序法（Stpwise）进入第二层，绩效工资政策合法性没有进入到回归方程中（见表7-20）。结果可知，在控制了人口统计学变量之后，中小学教师绩效工资政策分配公平、程序公平对教师工作满意度具有显著的正向预测作用。

由此可见，中小学教师绩效工资政策分配公平、程序公平都是影响教师工作满意度的重要因素，都能有效预测教师的工作满意度水平。

表7-20　绩效工资政策合法性、公平性对工作满意度的多重线性回归分析

		教师工作满意度		
		B	β	t
人口统计学变量	小学教师	0.00	0.00	−0.04
	九年一贯制教师	0.06	0.04	1.45
	中层干部	−0.02	−0.01	−0.27
	普通教师	0.01	0.01	0.32
政策合法性、公平性	分配公平	0.27	0.38	9.37***
	程序公平	0.19	0.30	7.30***
R		0.65		
R²		0.42		
调整后的 R²		0.41		

注：*P < 0.05，**P < 0.01，***P < 0.001。

（七）绩效工资政策实施前后中小学教师工作投入水平

1. 绩效工资政策实施后，中小学教师的工作投入处于一般水平

使用SPSS 22.0对数据进行描述性统计，得出在绩效工资政策影响下中小学教师工作投入评分为3.76（标准差0.69），在3.5~4.5之间，属于较好水平，说明从整体上来看，中小学教师工作投入水平较好，但评分未到4.0以上，仍有提升的空间。对不同类型教师在工作投入上的评分进行差异化检验（独立样本T检验、单元方差分析），结果发现（见表7-21），不同位置教师、不同性别、不同职称、不同原始学历、不同管理职责、是否骨干教师、是否班主任教

师在工作投入上没有呈现出显著性差异，但是不同类型学校、不同教龄、不同学科、不同最后学历教师在工作投入上存在显著性差异（$P < 0.05$）。经过Scheffe 事后比较，初中教师的工作投入水平明显高于小学教师，教龄为 31 年以上的教师的工作投入水平明显高于教龄为 7~18 年的教师，副科教师的工作投入水平显著高于主科教师，最后学历为研究生及以上的教师工作投入水平明显高于最后学历为大学本科的教师。

表 7–21　不同类型教师在工作投入水平上的平均数差异分析

类型		均分	标准差	F	Scheffe 事后比较
学校类型	小学教师（1）	3.69	0.70	4.29*	（2）＞（1）*
	初中教师（2）	3.82	0.70		
	九年一贯制教师（3）	3.84	0.64		
教龄	3 年以下（1）	3.81	0.69	3.08*	（5）＞（3）*
	4~6 年（2）	3.78	0.65		
	7~18 年（3）	3.71	0.70		
	19~30 年（4）	3.72	0.70		
	31 年以上（5）	4.16	0.59		
学科	主科教师（1）	3.70	0.64	5.57*	（2）＞（1）*
	副科教师（2）	3.82	0.74		
最后学历	大专及以下（1）	3.96	0.63	4.91**	（3）＞（2）*
	大学本科（2）	3.73	0.69		
	研究生及以上（3）	3.93	0.70		

注：*P < 0.05，**P < 0.01，***P < 0.001。

2.绩效工资实施前后，中小学教师工作投入没有显著性变化

为了分析绩效工资实施对教师工作投入的影响，我们在问卷中让绩效工资实施前入职的教师比较绩效工资实施前后工作投入水平的变化。470 位中小学教师比较了绩效工资实施前后工作投入的差异。使用 SPSS 22.0 中的配对样本 T 检验，比较绩效工资实施前后教师工作投入之间的差异。结果发现（见表 7–22），教师在绩效工资实施前后对工作投入的评分无论在整体上还是在各维

度上都没有显著性差异，这说明绩效工资政策对教师工作投入水平没有带来什么影响。

表 7-22　教师绩效工资实施政策前后对其工作投入的差异分析

	所处阶段	平均值	标准差	t
工作投入整体	绩效工资实施后	3.76	0.70	1.072
	绩效工资实施前	3.74	0.70	
活力	绩效工资实施后	3.61	0.76	0.615
	绩效工资实施前	3.60	0.76	
奉献	绩效工资实施后	3.79	0.76	1.020
	绩效工资实施前	3.76	0.75	
专注	绩效工资实施后	3.88	0.78	1.283
	绩效工资实施前	3.85	0.77	

注：*$P < 0.05$，**$P < 0.01$，***$P < 0.001$。

（八）教师绩效工资政策合法性、公平性与其工作投入的关系

分别计算中小学教师绩效工资政策合法性、公平性知觉与工作投入之间的积差相关，发现它们之间均呈现极其显著的正相关（$P < 0.001$），相关系数在 0.34~0.41 之间（见表 7-23）。

表 7-23　教师绩效工资政策合法性、公平性与工作投入相关分析

	教师工作投入
绩效工资政策合法性	0.34***
绩效工资政策程序公平	0.41***
绩效工资政策分配公平	0.40***

注：*$P < 0.05$，**$P < 0.01$，***$P < 0.001$。

接下来，我们采用多重线性回归方法分析中小学教师绩效工资政策合法性、公平性对其工作投入的预测效应。具体做法是，以教师工作满意度为因变量，将学校类型、教龄、学科、最后学历等四个对工作投入有显著影响的人口统计学变量转化成虚拟变量之后再用强迫法（Enter）进入第一层；将中小学教

师绩效工资政策合法性以顺序法（Stpwise）进入第二层，绩效工资政策合法性没有进入到回归方程中（见表 7-24）。结果可知，在控制了人口统计学变量之后，中小学教师绩效工资政策程序公平、分配公平对教师工作投入具有显著的正向预测作用。

　　由此可见，中小学教师绩效工资政策程序公平、分配公平都是影响教师工作投入的重要因素，都能有效预测教师的工作投入水平。

表 7-24　绩效工资政策合法性、公平性对工作投入的多重线性回归分析

		教师工作投入		
		B	β	t
人口统计学变量	小学教师	−0.07	−0.05	−1.23
	初中教师	0.05	0.03	0.71
	3 年以下教师	−0.05	−0.03	−0.70
	7~18 年教师	−0.03	−0.02	−0.37
	19~30 年教师	−0.10	−0.07	−1.40
	31 年以上教师	0.31	0.08	2.01^{*}
	副科教师	0.07	0.05	1.49
	最后学历为本科教师	−0.12	−0.06	−0.95
	最后学历为研究生教师	0.09	0.04	0.60
政策合法性、公平性	程序公平	0.22	0.28	5.96^{***}
	分配公平	0.16	0.18	3.87^{***}
R		0.47		
R^2		0.22		
调整后的 R^2		0.21		

　　注：$*P < 0.05$，$**P < 0.01$，$***P < 0.001$。

第八章　总讨论

在本研究中，我们以一个东部区县 A 区为例，描述了义务教育学校教师绩效工资政策的基本状况，并从合法性、公平性和实效性三个方面对中小学教师绩效工资政策进行系统的评估研究。基于研究的发现，我们对几个主要问题进行讨论。

一、义务教育学校教师绩效工资政策的落实情况

按照我国教育行政管理体制，义务教育实行以县为主的管理体制。从 A 区中小学教师绩效工资政策的落实情况来看，教师绩效工资政策是由 A 区教委遵循人社部、教育部、H 市的政策规定，基于本区教育的实际制定落实的，设置了相应的工资项目。比如，国家政策规定，给予条件艰苦的学校适当倾斜，A 区相应设置了农村教师津贴和山区教师津贴。《绩效工资指导意见》还规定，中小学校对部分绩效工资分配拥有自主权，主要体现在对奖励性绩效工资的分配上。在 A 区，中小学校在超工作量津贴、学年奖、教师绩效奖励激励三个部分工资发放上可以自主设计方案，依据教师的绩效和贡献发放，但要坚持"多劳多得、优劳优酬"的分配原则，不能平均发放。这些说明在项目设置、中小学校的自主权上，A 区都在落实国家、地方的教师绩效工资政策规定。

此外，A 区中小学教师绩效工资政策的落实还体现在对国家法律、政策所规定的"教师平均工资应不低于当地公务员的平均工资""多劳多得，优劳优酬""县域均衡，适当向农村教师倾斜""向一线教师、班主任倾斜"等要求的

落实上。可以说，A 区基本上落实了相关政策的规定。

这一研究发现与国内多个研究的结果一致。石中英（2015）对《国家中长期教育改革和发展规划纲要（2010—2020 年）》中教师队伍建设专题进行了中期评估，通过调研发现目前全国义务教育阶段教师绩效工资已全面推动并逐步落实。安雪慧（2015）在 16 个省份 9183 名教师问卷调查中发现，绩效工资向不完全小学、教学点等义务教育学校倾斜，向农村学校和县镇学校倾斜，县域内教师工资水平逐步平衡。范先佐和付卫东（2011）在对 4 省份 32 县的调研中发现，绩效工资政策保证了同一县域内教师工资水平大体平衡，促进了县域内义务教育的均衡发展。但是也有少数研究者发现，由于我国各地的社会经济发展不平衡，在一些经济落后的区县，教师绩效工资政策中的一些规定和要求，如教师平均工资应不低于当地公务员的平均工资，还没有被落实（王贺，2015；姜金秋，杜育红，2013）。相比较而言，A 区属于落实各级政策比较好的一个地区。

二、义务教育学校教师绩效工资政策的合法性

（一）教师是否真正参与教代会集体决策

遵循国家法律法规、政策规定的程序是中小学校落实相关政策、确保政策过程合法性的最基本要求。校长负责、领导班子集体决策、教代会集体决策、教师申诉是政策方案制定过程中的四大程序。从教师访谈数据可以看出，A 区中小学教师绩效工资政策的制定落实过程遵循了四大程序，从形式上体现了绩效工资政策过程的合法性，但实质上教师在教代会集体决策中的参与程序不够。中小学教师在对程序公平各维度的评分中，参与维度及其具体题项的评分都是最低的，说明中小学教师对其在绩效工资政策制定过程中的参与是不满意的。

根据亨廷顿、纳尔逊（1989）和科恩（C.Cohen，1988）的观点，衡量参与的尺度可以分为三个方面，分别为参与的广度、参与的深度和参与的强度。参与的广度是数量问题，决定于受政策影响的社会成员中实际或可能参与决策的比率；参与的深度是由参与者参与时是否充分来确定的；参与的强度，即该种参与活动所产生的对决策的影响。

从参与的广度上来看，A区大多数学校的教代会集体决策实行的是代表制，**❶** 由教师代表参与教代会决策。代表制是当前世界上比较流行的民主体制，如果实施得好，社会成员能够参与到决策中来。但如果实施得不好，代表可能也没有代表"他人"，而只是代表"自己"，这样，社会成员的参与面就会非常小。从教师访谈结果来看，中小学教师代表在参加教代会之前并没有征求他人的意见，代表的是他自己。这样看来，中小学教师在教代会决策中参与的广度不够。

从参与的深度来看，A区中小学教师代表在参加教代会之前并没有做好充分的准备。一方面如上所说，教师代表没有征求他所代表的教师群体的意见和建议；另一方面，教师代表在参会之前没有拿到绩效工资政策方案，无法在前期查阅相关资料，做好充分的准备。教师代表只是在形式上参与民主管理，行使投票权。正如科恩（1988）在《论民主》一书中说的，"投票只是参与的一种形式，很容易识别，不过，常常是表面性的识别。公民投了一票，有助于确定采取何种行动，但充分的参与则包括投票行为以前的许多活动"。

从参与的强度来看，A区中小学教师代表对绩效工资政策方案的影响并不是很大。中小学教师代表拥有投票权，但只是审议绩效工资政策文本，并没有真正参与到制定中，无论是中小学校长、中层干部还是普通教师的访谈中都提到教代会决策对政策文本内容的影响很小。实际上，如果没有参与的强度，A区中小学教师代表的参与也就流于形式了。

这种形式上的民主管理在杨明宏（2010）对全国三省份中小学校教代会制度建设现状的研究中也得到印证。究其原因，一方面是很多校长还深受"官本位"思想的影响，习惯于"当家作主"，缺乏民主管理的态度和作风，忽视教职工的民主权利和民主要求（陈大超，杨平，2009）；另一方面是很多校长对自己不自信，不敢让教师真正参与，因为如果组织不力，教师参与就会增加绩效工资方案通过的风险。实际上，学校在绩效工资设计与实施过程中不要惧怕

---

❶ 2011年出台的《学校教职工代表大会规定》（中华人民共和国教育部令第32号）第15条规定："有教职工80人以上的学校，应当建立教职工代表大会制度；不足80人的学校，建立由全体教职工直接参加的教职工大会制度。"在A区中小学校中，也有一些教职工总数不足80人的学校，建立的是教职工大会制度。

问题，要善于倾听教师声音，了解教师感受，及时发现和调整教师潜在的心理问题（宁本涛，2014），如此才能更好地保障绩效工资有效落实，充分发挥绩效工资政策的作用。

在教代会决策中，教师的参与广度、深度和强度都不够，不符合当前我国教育治理和建设现代学校制度的理念。"治理"一词常被用于企业管理和政治话语中，在企业管理中，被较多提及的话语为公司治理结构，在政治管理中常强调国家治理、政府治理。自2013年11月党的十八届三中全会以来，治理成为社会各领域广泛讨论的话题。党的十八届三中全会发布的《关于全面深化改革若干重大问题的决定》提出："全面深化改革的总目标是完善和发展中国特色社会主义制度，推进国家治理体系和治理能力现代化。"2014年1月，袁贵仁在全国教育工作会议上发表题为《深化教育领域综合改革加快推进教育治理体系和治理能力现代化》的讲话，提出加快推进教育治理体系和治理能力现代化的重点任务。在这些政策引领下，教育治理成为我国教育实践和研究关注的焦点问题。

中小学校是重要的教育治理主体，中小学校制定落实教师绩效工资政策的过程是一个教育治理的过程。教育治理是一种以利益表达、协商和保障为重点的重要利益调整机制，它改变了传统封闭单向度的利益表达机制，致力于建设多种利益主体共同参与的利益表达平台和决策参与渠道。教育治理强调的是多元主体的民主参与，要求多种利益相关者必须成为教育治理的主体。利益相关者有强烈的利益诉求和参与热情，各种利益诉求能得到充分表达，教育决策、教育政策制定与教育立法能得到充分讨论与论证，有利于形成"激励相容"的共识性决策，有利于决策的理性化和科学化（褚宏启，贾继娥，2014；褚宏启，2014）。这就要求中小学校制定落实教师绩效工资政策要关注干部、教师、学生、家长、社区等各种利益相关者，让各种利益相关主体广泛地参与到政策制定中。

在教育治理的思想中，利益相关者的参与不是简单的参与，不是说"到场"或"出席"投个票就是参与。利益相关者参与的过程应该是一个协商对话的过程。这一过程属于协商民主，是哈贝马斯提出的沟通理性所提倡的理念。协商民主是一种重要的民主形式。协商民主是这样一种治理形式，在这种形式下自由而平等的公民（及其代表）通过相互陈述理由的过程来证明决策的正当性。这些理由必须是相互之间可以理解并接受的，审议的目标是作出决策，这些决策在当前对所有公民都具有约束力，但又都是开放的，可随时准备迎接未来的挑战（应奇，刘训练，2006）。协商民主能够通过讨论、审议等过程赋予立法和决策以合法性。协商过程的政治合法性不仅出于多数的意愿，而且基于集体的理性反思结果。首先，所有受决策影响的利益相关者都能够平等地参与决策过程，没有人具有超越任何其他人的优先性。其次，决策是在公民及其代表的公共讨论和争论过程中形成的，公共利益是他们的共同诉求，理性具有超越个体自我利益与局限的优势。形成决策的过程是将说服而非强制看作政治的核心（莫吉武等，2009）。

当然，有时候，教师代表在教代会上可能仅仅代表他自己的利益，而没有代表教师群体的利益。为解决这一问题，协商民主理论强调公民参与的理性化。在协商参与中的理性不仅指的是个人理性，还指公共理性。因为协商过程的参加者不仅要考虑个人的利益，同时还要每个参与者都要超越自身的利益、观点、需求的局限，考虑到集体的利益。在协商中，所有参与者在提出、批判或反对各种观点时，都要通过陈述他们的理由，尝试让别人接受自己的观点，同时也要认真听取别人的观点。公共协商的过程使决策理由更理性、结果更公平（何包钢，2008）。教师代表参与的理性化，要求教师代表在参与时不能仅考虑个人利益，还要考虑其所代表教师群体的利益和整个学校的利益，在协商中通过有理有据的陈述，说服或被说服，最终形成决策。

（二）教师绩效工资政策是否真正体现"多劳多得、优劳优酬"

"多劳多得，优劳优酬"是绩效工资政策的基本原则，也是《绩效工资指导意见》的重要规定。在绩效工资中，能够体现"多劳多得、优劳优酬"的部分是奖励性绩效工资。分析中小学制定的超工作量津贴、学年奖、教师绩效奖励激励的三个奖励性绩效工资政策方案发现，很多学校在分配奖励性绩效工资时，根据不同职务设定了基数，这个基数不是根据教师的工作量和实际表现确定的，而是根据教师的职务，这样的发放标准实际上没有体现"多劳多得、优劳优酬"，值得注意的是，这部分金额在绩效工资中占了比较大的比例。在月超工作量津贴中，虽然依据教师的工作量对超工作量津贴拉开了差距，但是大多数人拿到的数额差别并不大。在学年奖里，各校都按照教师的实际贡献划分了不同的等次，但是很多学校划定的相邻等次之间差别并不是很大，有的相差200元，有的相差300元，这些很难体现出绩效工资的奖励性。也就是说，当前的中小学教师绩效工资政策没有真正体现"多劳多得、优劳优酬"。从教师的问卷调查数据也可了解到，中小学教师对"绩效工资政策体现多劳多得、优劳优酬"的感知评分处于一般水平。这些都说明中小学校在奖励性绩效工资政策的设计中存在一些问题。

这在其他学者的研究中也得到印证。孟卫青（2016）综合使用内容分析法（对沿海发达省会城市 X 市 30 所义务教育阶段学校的奖励性绩效工资方案进行内容分析）和访谈法（对方案制定小组人员、普通教师进行访谈）对奖励性绩效工资方案设计存在的问题进行研究，结果发现学校层面奖励性绩效工资制度存在与学校战略目标脱节、显性指标考核为主、量化技术主导、分配方式单一等问题。如果奖励性绩效工资设计不好，就无法实现"多劳多得、优劳优酬"分配原则，也就很难真正发挥绩效工资政策的奖励作用。正如研究者容中逵（2012）提到的一样，教师绩效工资政策实施得不好，没有贯彻"多劳多得、优劳优酬"，就会带来新的"平均主义"，导致教师教育教学工作新一轮的"吃大锅饭"现象。

中小学教师对绩效工资政策"多劳多得、优劳优酬"的认同度不高，有着很多方面的原因。第一个主要原因是学校长期以来存在的"吃大锅饭"文化。中小学校在员工激励问题上仍残留着平均主义思想，在收入分配、奖励方面档次没有拉开，这受到学校几十年的传统文化惯性，不讲原则的"和"及"吃大锅饭"文化形成的思维定式所影响（叶天莲，罗良针，2008）。在这种文化氛围下，学校讲和谐稳定，教师之间讲和气情面、论资排辈（李斌辉，2014），造成"干多干少、干好干坏差不多"的局面。尽管大家表面上能接受"吃大锅饭"，但是这种为了避免矛盾而将奖励性绩效平均化的做法致使广大教学任务繁重的一线教师十分不满（容中逵，2014；宁本涛，2015）。

第二个主要原因是与教师绩效工资政策本身的局限有关。区县在落实教师绩效工资政策时，按照一个学校的教师人头数划拨这个学校的绩效工资总量，教师知道政府给自己投入了多少钱（知道这个平均数额）。如果最后拿到手的少于这个数，很多老师就认为"别人拿走了我的钱"；而如果最后拿到手的多于这个数，很多老师认为是"用我的钱奖励我"。这样，不管是多拿还是少拿了，很多老师并不认为这是绩效工资政策的"多劳多得、优劳优酬"所体现出来的。

"多劳多得、优劳优酬"是国家实施绩效工资政策的初衷。如何改变中小学校"吃大锅饭"的平均主义，如何调整绩效工资发放形式，是下一步我国中小学校绩效工资政策改革的重要方向。

（三）教师平均工资水平是否不低于当地公务员的平均工资水平

教师虽然不是公务员身份，但是我国教育政策制定者、学者常拿教师待遇与公务员待遇做比较。"教师平均工资水平不低于当地公务员的平均工资水平"是当前我国《教师法》《义务教育法》中明确的政策规定，也是我国教师绩效工资政策的一个重要目标。从统计数据来看，H 市中小学教师的年均工资总额已经不低于公务员的平均水平，说明 H 市将"教师平均工资水平不低于当地公务员的平均工资水平"的政策落实到位。

中小学教师平均工资水平不低于当地公务员的平均工资水平，可以说是一个历史性突破。早在 1994 年 1 月 1 日实施的《教师法》第 25 条就已明确规定："教师的平均工资水平应当不低于或者高于国家公务员的平均工资水平，并逐步提高。"但是近十几年来，一直没有实现这一目标。姜金秋和杜育红（2013）使用《中国劳动统计年鉴》分析了 1990—2010 年的中小学教师工资水平，结果发现，中小学教师与公务员实际工资的差距自 1990 年以来一直逐年扩大，直到 2008 年以后差距才开始大幅缩小，2010 年中学教师的收入已经超过公务员的水平。范先佐和付卫东（2011）研究发现，绩效工资政策初步解决了教师收入偏低、与当地同级别公务员平均工资水平差距拉大的问题。可以说，教师绩效工资政策实施以来，国家正在逐步落实"教师平均工资水平不低于当地公务员的平均工资水平"这一教师工资政策改革目标。这对于提高教师地位，增加教师职业吸引力来说起到了非常重要的作用。

需要注意的是，尽管统计数据显示中小学教师的工资水平已高于公务员的水平，但是中小学教师从认知上对此并不认同，他们对"绩效工资政策体现了教师平均工资水平不低于当地公务员的平均工资水平"的感知评分较低，评分为 3.42，处于一般水平。造成这种情况的原因复杂多样，主要原因可能是如下两个方面。

第一个原因是，尽管统计数据显示中小学教师的平均工资水平已不低于当地公务员水平，但是公务员其他方面所体现出来的收入明显高于教师。公务员的收入除了工资、津贴、奖金的"显性收入"之外，还有"隐性福利"，比如"公务员小区"之类的"隐性福利房"、机关食堂等"隐性收入"，乃至于贪官的灰色收入、权力寻租等方面（叶青，2015）。所以，即便中小学教师的工资已经不低于当地公务员水平，但是他们也不认为在实质上达到了当地公务员的水平。

第二个原因是，教师在考虑这个问题的时候经常将收入与公平一起讨论。教师认为即便自己收入高，但投入也高，这跟公务员相比外部公平不够。教师在教育教学中需要独特的"教育机智"，创造性地开展工作，专业性较高；而公务员更多是执行国家政策或上级意图，工作过程中的创造性成分较低，即专业性相对较低（刘波，刘泽环，2012；张翔，2016）。而且，教师职业付出更多，更加辛苦，而公务员工作相对轻松。从这个角度来看，由于外部公平不够，教师并不认可"教师平均工资水平不低于当地公务员的平均工资水平"。

当前教师待遇水平，是以当地公务员的待遇水平作为参照的。如何既能确保教师的待遇水平在实践中真正不低于当地公务员的待遇水平，又能让中小学教师认可这种状况，这就要求我国各级政府、教育行政部门切实提高教师工资水平，使教师的工资水平具有较强的外部竞争力。只有这样，教师职业才能更具有吸引力，吸引优秀人才进入教师队伍。

三、义务教育学校教师绩效工资政策的公平性

（一）教师绩效工资政策是否体现了外部公平

外部公平衡量的是教师在就业市场上的价值。它反映的是与其他区域相同性质学校、本区相同性质学校以及其他职业员工工资相比，教师工资的竞争力。华莱士和费伊（1988）指出，要使员工在组织外与其他人比较中感到公平，组织就必须使薪酬具有外部竞争性（外部公平）。林淑姬等（1994）以电子资讯类企

业员工为调查对象,发现外部公平对员工的薪酬满意度有显著的正向影响。所以,在绩效工资政策设计过程中,必须要关注教师工资水平的外部竞争力。

由统计年鉴可知,2015—2017 年,H 市中小学教师的年均工资总额在国民经济 19 个领域中居第 7 位,处于中等偏上水平。但需要指出的是,从教师的问卷调查数据来看,中小学教师对绩效工资政策外部公平的评分是最低的。也就是说,中小学教师的感知与实际的工资水平之间是存在较大出入的。

这种出入是由一些原因造成的,本研究尝试进行分析。第一个原因,虽然绩效工资政策改革后,中小学教师的总体工资水平有了较大提升,但是他们的相对工资水平并不高,尤其是近年来房价、物价水平不断上涨,中小学教师工资的增长很大一部分都被物价上涨所抵消,教师工资的实际购买力并没有显著增强(姜金秋,杜育红,2014)。也就是说,中小学教师的工资水平并不高。第二个原因,这可能与媒体在公布工资数据时没有说明统计口径有关系。中小学教师会经常拿自己的工资与其他行业的工资进行比较。中小学教师对其他行业工资水平的了解,多是通过各大新闻门户网站、微博、手机微信等途径获取的。在公布某一地区各行业平均工资水平时,很多媒体的报道是不规范的,可能会误导教师。国家公布的工资水平的统计口径为税前收入,包括单位代扣、代缴的个人应缴纳的社会保险金和个人收入所得税,但媒体在公布工资数据时,并没有标注具体的统计口径。比如,中国日报网报道,智联招聘在线数据显示,2015 年冬季,H 市平均月薪为 9227 元。如果教师拿自己的税后工资跟9227 元比较,大多数教师的税后收入都低于这个数额。

需要注意的是,从全国范围的研究来看,已有研究表明中小学教师的工资水平仍处于较低水平。姜金秋和杜育红(2013)对我国 1990—2010 年中小学教师平均工资与国民经济中等偏上行业进行比较发现,在过去 20 年中小学教师行业工资一直在国民经济中处于中等偏下位置,小学教师工资位于第 10~16位,中学教师工资位于第 9~14 位。安雪慧(2014)、杜晓利(2015)使用教师工资指数(一个地区教师年均工资与该地区人均 GDP 的比值)来考察教师工资与经济增长的关系,研究发现,2012 年全国各省中小学教师收入指数明显偏低,与经济发展水平极不适应。杨小丽和汪红烨(2015)对四川省 9 市 15 县580 名义务教育学校教师进行问卷调查,在问教师"目前有什么需要以及哪些需要得到满足"时，研究结果发现，67.1%的教师选择"提高工资"，58%的教师选择"增加奖金，改善福利"，50.7%的教师选择"改善生活条件"。这些都表明，不论是统计数据分析，还是实际调研分析，我国中小学教师的工资水平仍亟待提升。

（二）教师绩效工资政策是否体现了内部公平

内部公平反映的是组织内不同职位的价值。它是分配公平的重要组成部分，对员工分配公平的感知具有重要的影响。林淑姬等（1994）以电子资讯类企业员工为调查对象，发现内部公平对员工的薪酬满意度有显著的正向影响。斯威尼和麦克法林（P.D.Sweeney & D.B.McFarli，2005）对235名工程师调查研究发现，员工对薪酬的满意度，不仅表现在外部相似行业、其他行业的比较上（外部公平），还体现在与同组织内相似或不相似员工的比较上（内部公平）。从教师问卷调查的数据来看，教师对绩效工资政策内部公平的感知评分处于一般水平，说明教师认为学校的内部公平还有很大的提升空间。

这在其他研究中也得到印证。付卫东、曾新（2010）在调查研究中设计了"请您将所在学校教职工奖励性绩效工资排序"的问题，在回收的1906份教师问卷中，有近80%的教师回答从绩效工资最高到最低的人员分别是"校长、学校中层干部、毕业班教师及班主任、非毕业班班主任、非毕业班教师、教辅人员、工勤人员"。王贺（2015）在研究中发现，在问到教师"请把您校教职工奖励性绩效工资数额由高到低排一下顺序"时，75.7%的回答是"校长、中层领导、班主任、主科教师、副科教师、行政后勤人员"。这些都说明很多教师对学校教师绩效工资政策的内部公平不满，认为领导干部比一线教师拿得多。

《绩效工资指导意见》也要求绩效工资向一线教师倾斜。那是不是说领导干部不能比一线教师拿得多？是不是说领导干部拿得比教师多，就是不公平的？这些是进行内部公平分析必须回答的问题。保证内部公平，就需要对学校的岗位进行价值分析，如果通过科学的岗位价值分析发现，领导干部岗位的价值就是高于教师岗位，那么领导干部就应该拿得比教师多，拿得少说明内部分配不够公平。如果领导干部岗位的价值低于教师岗位，那么领导干部就应该拿得比教师少。由于当前中小学校缺乏科学的岗位价值分析，并没有将日常教学和学校管理两种性质的工作加以明确区分，人为地优先考虑行政管理人员的利益，加大管理工作的分配权重，降低教学工作的分配权重（任惜春，罗磊，2015），所以，导致许多普通教师认为自己的绩效工资收入相对减少，产生不公平感。

当然，内部公平不仅仅涉及领导干部和教师两个岗位，它涉及学校里所有的岗位。要提高教师的内部公平感，就需要对学校所有的岗位进行价值分析，在此基础上进行奖励性绩效工资分配。

（三）中小学教师绩效工资政策是否做到了程序公平

程序公平是影响教师对绩效工资公平感的重要因素。增加员工对分配程序的公平感受，可以提高员工对组织的信任和认可，增强其归属感并降低因其他原因产生的对组织或工作的不满（任惜春，罗磊，2015）。在中小学教师绩效工资政策实施过程中，程序公平的重要性受到越来越多的关注。在薪酬分配上，员工不仅会关注分配的结果是否公平，还会关注薪酬分配过程的公平与否，影响员工薪酬满意度的关键是薪酬比较过程中的公平感，也就是说员工不满意的往往不是低薪酬，而是薪酬分配过程的不公平（钱爱民等，2014）。赵德成（2010a）认为，虽然现在大家的关注点较多地放在分配公平问题上，较少关注程序公平的问题，但实际上许多矛盾和冲突的产生恰恰与程序不公平有关。毕妍等（2015）对3地6个区县45所初中1218名教师问卷调查发现，与薪酬结果满意度（分配公平）相比，中小学教师的薪酬管理过程满意度（程序公平，包括教师参与方面的满意、分配过程是否公开透明、分配规则是否合理）对教师绩效的激励更大。

确保绩效工资政策的程序公平也是我国绩效工资政策中的重要内容。《教育部关于进一步做好义务教育学校实施绩效工资中教师队伍稳定工作的通知》（教人〔2009〕20号）中明确强调："学校在研究制订本校绩效考核具体办法和奖励性绩效工资分配办法时，要经过本校教职工充分讨论，并在校内公示，让广大义务教育学校教职工真正参与到制度建设和实施的过程中。把实施办法研究制订过程作为集中群众智慧、进行政策宣传、统一思想认识的过程，真正使教职工理解、支持、参与、监督实施工作。"虽然政策内容没有直接提出程序公平，但是政策内容中的公开、参与、沟通、监督都是反映程序公平的重要因素。

从程序公平研究可以看出，中小学教师对绩效工资政策程序公平的整体感知处于中等水平，表明中小学教师认为绩效工资政策程序不够公平。这与很多研究者的研究结果一致。毕妍等（2015）研究发现，教师对薪酬管理过程满意度（程序公平）评分3.49（李克特5点计分），这一结果与本研究结果（3.52）基本一致。宁本涛（2015）在对上海某区的教师调查研究中发现，关于"您认为学校的奖励性绩效工资分配方案制定实施过程是否公平"一问，认为"比较不公平"的教师比例接近60%，甚至也有教师认为本校的分配方案实施过程"非常不公平"。这些研究都说明中小学教师绩效工资政策程序公平有待提高。

从公开、参与、沟通、申诉四个维度来看，中小学教师对四个维度的评分处于中等水平和及格水平，对参与维度的评价最低。教师参与绩效工资政策制定，既能体现教师在学校中的"主人翁"地位，也是学校建立现代学校制度、完善治理结构的重要方面。科恩（1988）认为，组织成员是否普遍参与决策是反映民主广度的重要特征。从调研中可以看出，大多数教师认为在参与程序上是不够公平的，他们认为在制定绩效工资政策时，学校没有充分尊重和考虑教师的意见，而且很多教师压根就没有参与到绩效工资政策的制定过程中。其他研究者也得出了类似的研究结果。王贺（2015）在研究中发现85.1%的教师没有参加学校的绩效工资分配办法制定过程，多数学校的绩效工资分配办法的制定是由学校领导班子集体研究决定的，基本没有一线教师的参与，老师们感到在参与的程序上不公平。

中小学教师对绩效工资政策程序公平的评价不高还得到了访谈数据的支持。从访谈中可知，中小学教师对绩效工资政策了解不多，参与绩效工资政策制定的机会并不是很多，而且教师的申诉权也没有得到有效保障。这与使用访谈法的一些研究结果一致。毕妍等（2015）通过访谈发现，教师普遍认为目前学校薪酬管理体系存在诸多不合理的规则，学校制定的绩效工资分配办法缺乏科学性，公开透明度低。孟卫青（2016）在访谈中发现，一些学校中"学校领导和中层决定'方案'，根本没有教师代表，校长利用考核结果威胁教师对方案投同意票"，或者"校长在教师不知情的情况下直接增删奖励项目，教师完全处于被动中，没有任何参与甚至知情权，教师怨言很大"。

（四）不同利益相关者对绩效工资政策分配公平、程序公平的感知差异

干群关系是中小学校重要的关系，干群矛盾往往是学校的重要矛盾。在绩效工资政策的制定实施中，如何解决干群矛盾是中小学校面临的重要课题。为了缓解干群矛盾，《绩效工资指导意见》要求绩效工资政策向一线教师倾斜。从领导干部和普通教师的年均工资总额来看，同一专业技术岗位上，领导干部和普通教师的年均工资总额并没有太大的差距，在可控范围之内。但从绩效工资政策分配公平、程序公平的调查数据可知，中小学领导干部对分配公平、程序公平的评分显著高于普通教师。

造成这种差异的原因主要有两个。第一个是长期以来，尤其是绩效工资政策实施之前，中小学校领导干部获得的工资明显高于普通教师，这种认知惯性致使中小学教师认为领导干部拿的工资就是多，就像一位中层干部在访谈中说的，"尽管现在我们中层干部拿得并不多，但是很多教师就是认为我们拿得多，他们觉得无论如何，我们肯定拿得都多"。任惜春和罗磊（2015）在研究中发现，由于教师工作涵盖日常教学和学校管理工作，但在制定绩效工资分配方案过程中，学校并没有将两种性质的工作加以明确区分，且往往优先考虑行政管理人员的利益，加大管理工作的分配权重，降低教学工作的分配权重。

第二个是绩效工资政策程序公平影响了教师对分配公平的判断。学校领导干部是绩效工资政策的决策者（校长负责、领导班子的集体决策），广泛参与到绩效工资方案的制定实施过程中，但是普通教师参与不够。即使有些学校在办法制订后征求了教师的意见，也只是走过场，最终的决定权仍然在学校领导手里，教师的话语权被剥夺了（王贺，2015）。学校领导掌握着绩效工资分配的主动权，教育行政化倾向严重（何凤秋，刘美玲，2011）。这样，即使领导干部与普通教师的工资差别不大，但是由于程序不够公平，教师容易感到分配不公平。

四、义务教育学校教师绩效工资政策的实效性

（一）绩效工资实施后，绩效工资的保留、激励效果是否发生变化

国家在义务教育学校实施教师绩效工资政策的目的就是激励教师，促进吸

引和鼓励各类优秀人才长期从教、终身从教，调动教师的工作积极性。绩效工资是否起到保留、激励作用，需要比较绩效工资政策实施前后保留实效性指标、激励实效性指标的变化。从教师问卷调查结果来看，绩效工资政策实施前后，中小学教师组织承诺、职业承诺、工作满意度、工作投入等实效性指标都没有显著性变化，说明绩效工资政策并没有起到保留、激励教师的作用。这与一些研究者的研究结果一致。宁本涛（2014，2015）分别对西部 Q 市 Y 区和上海市 P 区教师进行了调查，均发现中小学教师对绩效工资政策的认可度不高，工作积极性转变不大。王贺（2015）在调研中发现，在被问到"绩效工资实施后，您的工作积极性提高了吗"时，选择"提高很多"和"提高一些"的教师分别占 4.2% 和 27.5%，选择"与以前一样"的教师占 56.0%，选择"降低很多"和"降低一些"的分别占 7.5% 和 4.7%。

从国际上来看，对绩效工资改革效果的研究在结果上存在很大差异。有研究发现绩效工资政策没有起到应有的激励效果。斯普林格等（2010）在纳什维尔城市学校系统从 2006—2007 学年到 2008—2009 学年进行了三年的实验研究，结果发现，绩效奖励项目对学生成绩和教师对教学实践的反应没有任何显著影响。阿德金斯（2004）采用问卷调查法对佛罗里达州李县学区的 1000 位教师和 176 位管理者对绩效工资的认识进行调查，结果发现，无论是教师还是管理者都不认为绩效工资具有激励性，绩效工资并没有激励教师努力改进学生的学业成绩，没有发挥鼓励教师参与专业发展和积极改变教学实践的作用。

但是，也有研究发现绩效工资改革能够起到积极的效果。琼斯（M.Jones，2011）使用美国学校师资调查（the Schools and Staffing Survey，SASS）研究了绩效工资对教师行为的影响，结果发现，绩效工资实施后，虽然教师工作时间减少了 6%，但是绩效工资增加了教师保留，特别是对更有经验的教师。朱斯（2013）对美国公立学校大约 32 020 名教师使用自编工作满意度问卷进行调查。结果发现，在实施绩效工资的学区里，收到绩效工资的教师比没有收到绩效工资的教师有更高的工作满意度水平。迪弗洛和里安（2012）在印度农村随机实验中研究发现，参加经济奖励项目的实验组学校教师的旷工率下降了 19 个百分点。

很多有关教师绩效工资政策实施效果的研究在结果上是存在出入的，这可

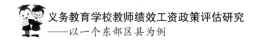

能与研究者所研究地区的绩效工资政策设计、绩效工资政策实施过程、研究者所采用的研究方法等有着不小的关系。

（二）中小学教师绩效工资政策的公平性是否能够预测其实效性

教师绩效工资政策的实效性受到很多方面的影响，一个重要方面是绩效工资政策的公平性。根据亚当斯的公平理论可知，当员工将自己的投入／收获比例与同单位的同事或不同单位但做同样工作的人相比较时，如果员工发现这种比较是相等的，那么员工就能达到心理平衡，工作积极性就会高；如果这种比较是不相等的，那么员工便会心理失衡，工作积极性就会下降。华莱士和费伊（1988）、林淑姬等（1994）提出，薪酬政策的程序公平对于员工的工作积极性也有重要的影响。可以说，绩效工资政策分配公平、程序公平对绩效工资政策的实效性有重要影响。正如苏君阳（2010）说的，"公平本身所涉及的不仅仅是物品或权利分配是否合理性问题，而且它同时也会涉及或影响到个体效率与组织系统效率实现的问题。作为一个组织而言，如果底线公平或基本公平原则都不能够坚守，那么，效率的实现就会最终成为一句空话"。

从中小学教师问卷调查的数据来看，中小学教师绩效工资政策的分配公平、程序公平与教师组织承诺、职业承诺、工作满意度、工作投入等实效性指标之间存在显著的正相关，并对这些实效性指标有显著的正向预测作用。中小学教师绩效工资政策实效性的水平，与中小学教师绩效工资政策程序公平、分配公平有着一定的关系。也就是说，中小学教师对绩效工资政策程序公平、分配公平评分偏低，是影响教师绩效工资政策实效性偏低的重要因素。

许多研究结果也显示，员工对薪酬程序公平、分配公平的评价与他们的组织承诺、职业承诺、工作满意度、工作投入存在显著的正相关（邓锦莹，赵文平，2015；李钰卿，张小林，2008；林淑姬等，1994；谢义忠等，2007；潘明，2008）。毕妍等（2015）研究发现，教师薪酬管理过程满意度（程序公平）、薪酬结果满意度（分配公平）对教师绩效都有显著的正向激励作用。因此，提高教师绩效工资政策程序公平、分配公平感是提高教师绩效工资政策的实效性的重要方面。

五、义务教育学校教师绩效工资政策的价值

（一）实践中的教师绩效工资是保健因素还是激励因素

赫茨伯格的双因素理论把管理中的各种因素给予功能分类，并以保健和激励两种不同的功能区别开来。保健因素的改善是管理获得维持和稳定状态的因素；激励因素的改善是激发工作兴趣，促进人的进取心使管理获得发展的内在因素（常柏香，2000）。需要注意的是，尽管赫茨伯格将薪酬划入保健因素，但这并不意味着薪酬因素只能起到保健作用。赫茨伯格（2009）在分析事件序列时发现，薪酬在高涨序列（激励因素）和低落序列（保健因素）中出现的频率大致相当。薪酬既可以让人对工作感到满意，也可以让人对工作感到不满。也就是说，薪酬既可以作为保健因素，又可以作为激励因素。

我国本轮教师绩效工资政策希望发挥工资的多重作用。按照国家政策规定，绩效工资包括基础性绩效工资和奖励性绩效工资。基础性绩效工资主要体现地区经济发展水平、物价水平、岗位职责等因素，保障教师的基本生活需要，属于保健因素；奖励性绩效工资主要体现工作量和实际贡献等因素，强调"多劳多得、优劳优酬"，激励教师努力工作，则属于激励因素。但从本研究的结果来看，教师绩效工资政策实施后，中小学教师的组织承诺、职业承诺、工作满意度、工作投入水平处于较好及以下水平，仍有很大的提升空间。进一步比较绩效工资政策实施前后的效果，中小学教师的组织承诺、职业承诺、工作满意度、工作投入水平在绩效工资政策实施前后并没有显著性差异，也就是说，教师绩效工资政策改革并没有对教师积极性提升带来实质性的影响。由此看出，当前实践中的教师绩效工资所发挥的激励作用是有限的，其所发挥的主要是保健作用。

（二）教师绩效工资政策能否真正起到激励作用

本研究发现，在绩效工资改革前后，教师的工作满意度、工作投入、职业承诺等指标并没有发生显著性变化，绩效工资的激励作用没有充分显现。那么，如何看待这一结果，绩效工资到底是否具有激励性呢？实际上，这个问题在学界也存在很多争议。

多数管理者充分相信绩效工资能够发挥巨大的作用，绝大多数企业都运用一些奖励计划，力求将工资与绩效联系起来，对员工产生了激励作用。但一些实证研究结果发现，奖励计划通常难以实现达到激励的目标，甚至会产生削弱的作用（科恩，1993）。A.科恩（A.Cohen，1993）解释了奖励计划失败的六点原因：奖励不会产生激励作用；奖励具有惩罚作用；奖励破坏员工间的关系；奖励忽视说服教育；奖励削弱承担风险的动力；奖励破坏兴趣。公共服务部门的不少研究也发现绩效工资政策没有激励作用。马士登和理查德森（D.Marsden & R.Richardson，1994）研究了绩效工资对税务局员工的影响，但是税务局员工没有报告绩效工资起到激励作用。相似地，马士登和弗伦奇（S.French，1998）研究了绩效工资对公共服务部门员工的影响，但是绝大多数员工不认为绩效工资提高了他们的工作积极性。可以看出，不论是在企业领域还是在公共服务部门，绩效工资政策的激励效果都受到质疑。

绩效工资政策在教育领域的使用，其实施效果同样也遭到不少研究者的质疑。斯普林格（2009）总结已有研究者对教师绩效工资的质疑，大致可以分为四个方面。

第一个质疑是个人绩效工资对教师之间的合作有较大的损害。实行个人绩效工资，可能减少了教师相互合作的意愿，破坏了教师之间、教师与管理者之间的团队动力机制，减少了学校的绩效（Springer，2009；Murnane，Cohen，1986）。第二个质疑是绩效工资政策可能注定要失败，因为与其他职业的绩效相比，教师绩效更难被监控。比如，不像销售人员或可按时收取费用的医生、律师，教师的产出不容易以一个可信的、有效的、公平的方式被测量出来。教师也可能不同意学校为其设定的绩效目标，或者评估系统可能缺乏透明度，教师不清楚他们的绩效是怎样被评估的。很多影响学生学习成绩的因素，不是教师所能控制的，比如学生自身的家庭社会经济地位（Springer，2009）。第三个质疑是员工要负责多项任务，但是这些任务仅有部分被测量和奖励，那么员工可能将工作重点转向那些能够被测量、被奖励的任务，减少对其他不能被奖励重要任务的投入。这样，从长期来看那些奖励设计不好的方案就容易导致机会主义的出现（Jacob，Levitt，2003；Lavy，2007）。第四个质疑是这种基于工作的奖励机制可能让教师对工作失去兴趣。很多教师声称足够多的激励存在于教学中，教学的主要吸引力是期盼着与孩子共同取得成功。外在激励将会阻止教师承担责任，损害教学中合作的本质，消极地影响教师对他们自己能力的认知（Springer，2009）。因此，即使绩效工资计划在短期内产生了一个积极的影响，但是由于缺乏内在激励，在长期上可能会减少教师的努力、自尊，影响教师工作的创造性，从而降低教师个人和学校的绩效（Springer，2009）。

　　对教师绩效工资政策的质疑，得到了一些研究结果的支持。有些研究者的研究结果表明教师绩效工资政策没有起到积极的作用。阿德金斯（2004）采用问卷调查法对佛罗里达州李县学区的1000位教师和176位管理者对绩效工资的认识进行调查，结果发现，无论是教师还是管理者都不认为绩效工资具有激励性。斯普林格等（2010）在纳什维尔城市学校系统从2006—2007学年到2008—2009学年进行了三年的实验研究，296名初中数学教师自愿参与这个绩效奖励项目，结果发现，绩效奖励项目对学生成绩和教师对教学实践的反应没有任何显著影响。琼斯（2011）使用学校师资调查研究了绩效工资对教师行为的影响，结果发现，绩效工资实施后，教师工作时间减少了6%，尤其是女性教师和有经验的教师。

　　然而，需要注意的是，也有不少研究者的研究结果显示，绩效工资政策能够起到积极的作用。拉维（2009）对以色列学校绩效工资对学生学习成绩的影响进行了实验研究，比较绩效工资计划实施前后学生学习成绩的变化发现，绩效奖励对学生的平均学习成绩起到了积极的改进作用，这种改进是通过教师教学方法的变化、增加课后教学、更多地满足学生的需求所发生的。凯莉（1998）在1996年对肯塔基州实施学校绩效奖励项目的16所小学、初中和高中进行调查，对校长和部分教师实施访谈调查，结果发现学校绩效奖励项目对薄弱学校的改进是一种有效的方式。很多教师认为激励主要是渴望避免学校负面宣传、看到学生成功获得专业自豪感、积极的公众认可所影响的。凯莉（1999）对实施学校绩效奖励项目的肯塔基、夏洛特－梅克伦堡、道格拉斯县、马里兰等地区开展了访谈和问卷调查，对学校绩效工资激励教学实践改进的方式进行探讨，结果发现学校绩效工资对教师的激励作用，主要是通过创造条件增加对教师的内在激励、聚焦教师努力，比如提供专业协作的机会、对学生成绩进行反馈、有一个清晰的目标聚焦、对组织资源的配置等实现的。亨曼（1998）采用访谈法研究了夏洛特–梅克伦堡学校教师对学校绩效奖励项目（School-based Performance Award Program）的认识，发现教师认为获得奖金是合理的，也是一种认可的形式。虽然他们觉得奖金数量有点少，但是他们也不确定是否奖金数量更大就更具有激励性。与奖金相比，帮助学生学习和看到学生达到学业目标对教师有更大的激励。

从理论上而言，教师绩效工资也可以成为激励因素，具有激励性。我们不能因为当前推行的绩效工资政策暂时没有显现出充分的激励效果就否定它的价值。相反，管理者、决策者和研究者需要思考的是，如何改进绩效工资政策，使之充分发挥激励价值。

（三）实践中教师绩效工资发挥激励作用的可能性

虽然已有研究对绩效工资政策实施效果研究结果没有达成共识，但是必须要高度重视绩效工资政策的价值。就像国外的教师绩效工资改革一样，虽然经历了多次失败，但是当前很多国家都在尝试进行绩效工资改革，提高教师质量。这说明实践中的教师绩效工资政策具有很大的价值。而且，相关理论、实践、研究表明，中小学教师绩效工资政策存在发挥激励作用的可能性。

期望理论认为，教师绩效工资要发挥激励因素，取决于期望、手段和效价三个方面的因素，即教师相信自己能够达到相应绩效目标、工资与绩效之间存在清楚的联系、设计足够的奖励数额。当前绩效工资没有发挥激励作用，第一方面是教师个人的绩效目标是模糊的。由第五章中的访谈结果可知，学校缺乏绩效管理的意识，没有将绩效工资与学校发展目标有机结合起来。孟卫青（2016）在研究中也发现，学校在设计奖励性绩效工资的时候，缺乏目标意识。第二方面是工资与绩效之间缺乏清楚的联系。学校在设计奖励时，多是根据教师职位设计，没有与绩效有机联系起来。第三方面是奖励数额不够，缺乏吸引力。当前人均每月1000多元的月度绩效工资很难对教师产生足够的吸引力，而且即使不努力，也能够拿到相应的数额。这样来看，如果中小学校能够加强目标管理、明确工资与绩效的联系、增加足够多的奖励数额，教师绩效工资政策就可能发挥激励作用。

凯莉（1998，1999）和亨曼（1998）对学校绩效奖励项目的研究发现，学校绩效奖励项目能够激励教师。这种激励主要是提高教师的内在激励实现的，而不是因为作为绩效奖金的外在激励。有其他研究者也认为，作为外在激励的奖金有时候不仅不能起到激励作用，可能会破坏个体的内在动机。在中小学校，如果过分强调绩效工资，动不动就用类似"谁好好干，我们就奖励谁；谁不好好干，我们就扣谁的奖励性工资"的话来教育教师，用绩效工资来控制教师行为表现，反而可能会削弱教师们的内在动机。原来教师是凭着爱与责任从事教育工作，在绩效工资背景下却变成了为金钱而工作。这会从整体上降低教师的积极性，影响教师的职业道德水平，并进而影响整个学校的绩效水平（赵德成，2010a）。所以，如果中小学校在设计绩效工资的时候，加强对教师的内在激励，更可能促进绩效工资激励作用的发挥。

　　绩效工资能不能起到激励作用，与绩效工资政策的公平性有着很大的关系。从绩效工资政策公平性与绩效工资政策实效性之间的关系结果来看，绩效工资政策的公平性对中小学教师的组织承诺、职业承诺、工作满意度和工作投入等实效性指标都有着显著的正向预测作用。实践中绩效工资没有发挥激励作用，可能与中小学教师对绩效工资政策公平性的感知处于中等水平有很大的关系。从奖励性绩效工资的具体发放来看，就能够了解到绩效工资政策设计的不合理性。奖励性绩效工资中的月超工作量津贴、学年奖、教师绩效奖励激励奖金主要由各校自主制定。从各校的方案来看，很多中小学校的月超工作量津贴、教师绩效奖励激励奖金都有固定的基数，而且基数所占比重较大，多超过一半以上。学年奖分等次发放，但是各等次之间的差距不大。也就是说，实际中的奖励性绩效工资所能体现工作量与贡献的部分是有限的。因此，如果中小学校在设计绩效工资时，既能够保证真正体现"多劳多得、优劳优酬"，又能注意绩效工资设计的实施程序，绩效工资政策的激励作用也能够发挥出来。

　　因此，虽然已有教师绩效工资政策实施效果的研究存在很多争议，但如果中小学校能够对绩效工资政策进行合理的设计，就能够将绩效工资政策的激励作用更多地发挥出来。

第九章　结　语

一、本研究的结论

本研究综合使用问卷调查法、访谈法、文本分析法等方法对 A 区中小学教师绩效工资政策进行评估研究，在分析讨论的基础上得出以下结论。

（一）义务教育学校教师绩效工资政策的落实情况

A 区落实人社部、教育部、H 市的教师绩效工资政策，制定了符合本区的教师绩效工资实施办法；A 区中小学校能够自主制定超工作量津贴、学年奖、教师绩效奖励激励三部分的方案，但这三部分的发放标准没有完全体现"多劳多得、优劳优酬"的原则。

（二）义务教育学校教师绩效工资政策合法性评估

在过程方面，中小学教师绩效工资政策的制定经历了校长负责、领导班子决策、教代会决策、教师申诉等程序，在形式上是合法的，但在实质上校长没有将绩效工资政策与学校发展目标相结合、教师代表在教代会上的参与不够、教师申诉的权利没有得到有效保障；中小学校长、中层干部都能够参与到绩效工资政策的制定中来，但是大多数教师没有参与到绩效工资制定过程中，他们对绩效工资政策程序合法性的认同度不高。在结果方面，中小学教师绩效工资政策文本基本上体现了法律、政策所规定的"教师平均工资应不低于当地公务员的平均工资”"多劳多得、优劳优酬"“县域均衡，适当向农村教师倾斜”"向一线教师、班主任倾斜"等要求；中小学教师从整体上认为绩效工资政策结果合法性处于较好水平，但他们对绩效工资政策所体现出的"多劳多得、优劳优酬"，以及"教师平均工资水平不低于当地公务员的平均工资水平"的认同度较低。

（三）义务教育学校教师绩效工资政策公平性评估

中小学教师对绩效工资政策程序公平的整体评分刚刚达到了较好水平，仍有不小的提升空间；中小学教师对绩效工资政策程序公平中的公开、沟通维度评分较高，对参与、申诉维度评分较低；中小学教师对绩效工资政策分配公平的整体评分处于一般水平；中小学教师认为绩效工资政策在外部、内部、个人分配上都不够公平，尤其对外部公平的评价最低；干部对程序公平及其各维度、分配公平及其各维度的评分显著高于普通教师。

（四）义务教育学校教师绩效工资政策实效性评估

教师绩效工资政策实施后，中小学教师的组织承诺处于一般水平，职业承诺、工作满意度、工作投入均处于较好水平，但四个方面都有不小的提升空间；教师绩效工资政策实施前后，中小学教师的组织承诺、职业承诺、工作满意度、工作投入等实效性指标均没有显著性变化，表明教师绩效工资政策没有带来实质性影响；中小学教师绩效工资政策程序公平、分配公平与教师组织承诺、职业承诺、工作满意度、工作投入等实效性指标都有显著的正相关，并对这些指标有显著的正向预测作用。

二、政策改进建议

基于研究结论，我们对义务教育学校教师绩效工资政策改进提出如下建议。

（一）政府加大财政投入和保障力度，进一步提高教师工资水平

各国绩效工资改革经验表明，充足的经费保障是绩效工资政策有效实施的

前提。《绩效工资指导意见》规定，义务教育学校实施绩效工资所需经费，按照管理"以县为主、经费省级统筹、中央适当支持"的原则，确保义务教育学校实施绩效工资所需资金落实到位。在这种"以县为主"的经费保障体制下，教师绩效工资的高低主要取决于县级经济的发展。由于经济发展不平衡，我国相当一部分县，特别是中西部以农业为主的县长期存在财政能力薄弱的问题。许多县级财政甚至被称为"教育财政"，教师正常工资的发放已让县级财政捉襟见肘，很难拿出更多的钱来保障义务教育学校教师绩效工资（范先佐，2014）。所以，国家应加大财政投入和保障力度，改变"以县为主"的绩效工资经费保障机制，逐步建立"以省为主"的绩效工资经费保障机制，确保我国所有地区学校的绩效工资经费能够有效落实。

完善经费保障机制的同时，还要提高教师奖励性绩效工资的水平。一方面，由于中小学教师的奖励性绩效工资水平较低，每月的奖励性绩效在1000元左右，在当前高房价、高物价的背景下，教师很难赋予其很高的价值。因此，政府要提高奖励性绩效工资水平，依据各区县的经济发展水平、地区工资水平，在多方论证的基础上提出合适的标准。另一方面，中小学教师绩效工资主要是个人绩效工资，缺乏学校层面的绩效工资。区县按教师数量向学校划拨教师奖励性绩效工资总量，在分配过程中，就像是切蛋糕一样，一个人切得多了，其他人切得就少了。鉴于此，政府应该设立学校绩效工资，根据学校整体的绩效划拨一部分奖励。这既能提高教师的工资水平，又能增强学校内部教师之间的团结，提高教师的积极性。需要指出的是，学校绩效工资的分配，区县要对学校进行分类、分层的设计，综合考虑优质学校和薄弱学校的利益。

（二）义务教育学校高度重视绩效工资政策的价值，加强对绩效工资政策的学习和理解

中小学教师绩效工资政策改革作为一项重大的工资制度改革，在实践中，已经取得了一定的成效，提高了中小学教师的工资水平。中小学教师将其作为保健因素，他们没有感知到绩效工资的奖励作用，但是并不意味着绩效工资政策没有激励价值。由本研究结果来看，中小学教师绩效工资政策激励作用的发挥，需要加强对绩效工资政策的设计。因此，中小学校要高度重视绩效工资的

价值，加强绩效工资政策方案设计，完善绩效工资政策制定程序，提高教师绩效工资政策分配公平感和程序公平感，为教师绩效工资政策激励作用的发挥创造有利的条件。

要发挥教师绩效工资政策的激励作用，还需要中小学校长和教师加强对绩效工资政策的学习和理解。中小学校长，作为学校管理的第一责任人，对绩效工资政策的有效落实肩负着重要责任。在绩效工资政策的制定落实中，中小学校长要反复研究绩效工资政策文件，领会"多劳多得、优劳优酬"的精神，破除"吃大锅饭"的平均主义思维。在政策落实中，中小学校长既要发扬民主作风，又要做好教师的思想工作，将相关政策解释清楚，提高教师对绩效工资政策的认识，扭转教师"用我的钱奖励我"及"吃大锅饭"的思想认识。中小学教师作为绩效工资政策的最重要的影响群体，其是否满意，直接影响着绩效工资政策的实际效果。教师应加强对绩效工资政策的学习，从以往"干多干少一个样"的状况来思考绩效工资政策的价值。中小学教师有意识地参与到绩效工资政策的制定过程中来，积极与学校领导沟通，切实维护自己的合法权益。但同时，中小学教师也要认识到，利益并不是教师生活的全部，不能因为自身利益受损，就忽视对学生精神的引导，忽视对自身专业成长的思考和投入。教师应具有自己的使命感，不能为了一些眼前利益，放弃自己对教育品质的追求（李先军，2014）。

（三）义务教育学校加强奖励性绩效工资政策的设计，真正体现"多劳多得、优劳优酬"

坚持"多劳多得、优劳优酬"是奖励性绩效工资政策的基本原则，是实施绩效工资政策的题中之义。当前，中小学在设计奖励性绩效工资政策时，没有完全体现"多劳多得、优劳优酬"的原则，影响了绩效工资政策的实施效果，导致中小学教师之间的工资比较平均，存在"吃大锅饭"的现象。为了解决这一问题，中小学校应加强奖励性绩效工资政策的设计。

绩效工资起源于工商管理领域，它之所以能在工商管理领域被有效运用，是因为工商管理领域实施绩效管理。在落实奖励性绩效工资政策的同时，中小学校要建立绩效管理系统，加强目标管理，将奖励性绩效工资与学校发展的战略目标有机结合。对学校发展目标进行层层分解，转化成教师个人的目标，将教师个人目标的实现程度与奖励性绩效工资相挂钩。需要注意的是，教师个人的目标设置要遵循"SMART"原则，即 Specific（具体的）、Measurable（可测量的）、Agreed and Achievable（意见一致并可实现的）、Relevant（相关的）、Timed（有时限的）（戴维斯，埃里森，2013）。可以说，奖励性绩效工资不仅是一个对教师工作业绩予以认可的经济性回报方案，更重要的是，它要服务于学校独特的教育理念和战略目标，让学校的价值导向渗透在绩效薪酬设计的各个环节（孟卫青，2016）。

做好奖励性绩效工资的分配，中小学就必须加强岗位价值分析。依据不同的岗位价值，学校设置相应的岗位工作标准和绩效工资分配标准，为奖励性绩效工资的有效发放奠定基础。科学的岗位价值分析应该由学校领导、教职工代表（一线教师代表、二线教师代表、职工代表）、外来的相关专家共同完成。首先要确定学校内部有哪些岗位（分专业技术岗位、管理岗位和工勤技能岗位三个类别），其次要对这些岗位做一个相对的比较，对每个岗位的职责和所需的员工素质要求等关键指标进行客观分析，确定各岗位的相对差距，设立相应的岗位津贴标准（赵德成，2010c）。但是需要注意的是，除了进行岗位价值分析之外，还要进行教师个人的价值分析，因为在相同岗位上不同教师的表现也是不同的。结合岗位价值和教师个人价值分析，将奖励性绩效工资落到实处。

（四）义务教育学校要重视绩效工资政策制定过程，让更多的教师广泛参与

在当前强调依法治校、教育治理和建设现代学校制度的大背景下，中小学校应重视绩效工资政策制定过程，使这个过程更加民主、开放、公开、透明。在一定时期内，一个学校的绩效工资总量是确定的，要想提高教师对绩效工资的满意度，必须确保绩效工资政策的程序合法和程序公平。

首先，改变对教代会集体决策的传统看法，正视它的重要性，不再将其看作政策决策中的形式，不能只是走过场，而是真正发挥其应有的作用。一方面，提高教师代表的"代表"能力，在绩效工资政策集体决策之前，应给教师代表一定的时间，让他们深入到教师群体中广泛征求其所代表的教师群体的意

见和建议，确保其在教代会上的决策具有真正的"代表性"。另一方面，在教代会集体决策中，规范议事程序，为教师代表提供民主协商对话的平台，让他们真正参与到绩效工资政策决策中来，而不只是简单审议领导班子制定的绩效工资政策方案初稿。充分发挥教代会集体决策的作用，能够提升绩效工资政策决策的科学性、规范性和可接受性。

其次，提高教师绩效工资政策的程序公平感，中小学校应完善绩效工资政策公开、参与、沟通和申诉等程序。在公开层面，中小学校要将绩效工资政策文本向所有教师公布，定期告知学年的、每月的绩效考核结果，将每月工资条中的"超工作量津贴"项目列清楚，让教师不再有困惑。在参与层面，中小学校要保障每一位教师在绩效工资政策中的参与权，在教代会之前，提前将绩效工资政策方案初稿发给教师，让教师了解情况后向各自的教师代表提出意见和建议。在沟通层面，中小学校领导干部要经常与教师沟通，对绩效工资政策的制定和实施都要与教师沟通，广泛倾听学校里不同群体的声音。在申诉层面，中小学校保障教师申诉的权利，要建立专门的申诉机构和申诉渠道，设置专业人员，这些专业人员可以是兼职老师（不能同时兼任其他职务），但要熟悉国家、地区、学校的教师绩效工资政策，能够对教师提出的绩效工资相关问题作出耐心、细致、令教师满意的答复。

（五）看到绩效工资的局限性，采取多种途径激励教师

虽然中小学教师绩效工资政策取得了一些有益的效果，但是我们也要看到绩效工资的局限性。在落实绩效工资政策的同时，还要从其他途径采取措施激励教师。

首先，要建立以人为本的学校文化。绩效工资政策的顺利实施，不仅需要良好的政策设计，还要优化学校的文化，真正做到以人为本。在实施绩效工资政策时，学校要考虑到不同利益相关者的感受，尊重每位教师的想法，并通过有效沟通、心理辅导、积极的思想工作等多种形式解决教师对绩效工资政策实施中遇到的问题。正如赵德成（2010c）说的，"现在没有哪一个管理专家、管理大师能设计出一套方案，保证放在所有学校都能够生效。方案做得再好，如果该学校没有以人为本的组织文化，没有被大家信服、接受的领导，通常也难

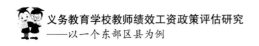

以被大家接受"。

其次，要重视内在薪酬对教师的激励作用。在谈到教师工资时，越来越多的人使用薪酬的概念。薪酬既包括工资在内的外在薪酬，也包括教师从工作中获得的内在薪酬。由教师的职业特点可知，与外在薪酬相比，更多的教师追求内在薪酬。新任教师更愿意有进修、提升的机会，对于一些已经达到最高职称的中年教师，对他们的激励应该考虑怎样重新激发他们的教育活力（宁本涛，2015）。心理学的相关研究也表明，内在薪酬对一个人的激励作用更为持久。所以，中小学校重视内在薪酬的激励作用，不断提高教师工作的多样性、重要性、挑战性和自主性，充分认可教师取得的成绩，有效引领教师的专业成长和发展，激发教师的内部动机，真正提高教师的工作满意度。

三、本研究的创新点、局限及未来研究方向

（一）本研究的创新点

本研究综合使用问卷调查法、访谈法等多种方法，以中小学校教师、领导干部为调查对象，以合法性、公平性、实效性为评估标准，对义务教育学校教师绩效工资政策的实施过程和结果进行系统的评估。相对于以往研究，本研究主要有三个方面的创新点。

（1）以政策评估的视角开展教师绩效工资政策研究。随着2009年我国中小学教师绩效工资政策的实施，对中小学教师绩效工资政策的研究如雨后春笋般涌现。尽管如此，已有研究却很少以政策评估的视角切入。在本研究中，我们使用CIPP评估模式中的过程评估和结果评估，对教师绩效工资政策进行细致、深入的评估，旨在为我国中小学教师绩效工资政策的调整提供有针对性的意见和建议。

（2）构建了教师绩效工资政策评估的二维评估框架。参考薪酬模型和CIPP评估模式，本研究构建了一个由过程评估和结果评估，以及合法性、公平性和实效性相结合的二维评估框架，既体现政策评估的综合取向，又符合薪酬领域的专业要求，可以成为本领域研究的一个通用框架。利用这一框架，本研究开展了教师绩效工资政策过程合法性评估、结果合法性评估、过程公平性

评估、结果公平性评估和结果实效性评估研究，对绩效工资政策实施过程和结果进行系统深入的探讨和分析。

（3）使用混合研究方法获取评估数据。在国内外已有对绩效工资实施效果的研究中，研究者多采用单一的研究方法，使用问卷调查法或访谈法进行研究，但很少使用混合研究方法获取数据和资料，对教师绩效工资政策的实施过程和效果进行深入探讨。在本研究中，我们综合使用问卷调查法、访谈法和文本分析法等多种方法，定性与定量相结合，多种方法之间相互补充、印证，获取更多令人信服的评估数据，能够使教师绩效工资政策评估更加科学、规范和有效。

（二）本研究的局限及未来研究方向

由于我国中小学教师绩效工资政策的复杂性以及研究者能力、精力的限制，本研究仍存在一些局限性。基于此，我们对后续研究进行展望，提出未来研究方向。

（1）样本区县选择单一，取样地区有待扩大。我国中小学教师绩效工资经费管理贯彻的是"以县为主、经费省级统筹、中央适当支持"的原则，也就是说绩效工资政策的落实是由区县管理的。由于我国各区县在社会、经济、文化、教育发展水平上都存在一定的差异，以一个地区作为案例进行研究，难以反映出我国各地区中小学教师绩效工资政策实施的全貌。所以，未来研究的方向是能够进一步扩大样本区县取样范围，使用科学规范的抽样方法从我国东、中、西部选择几个有代表性的区县，对我国中小学教师绩效工资政策进行系统、整体的评估。

（2）研究方法仍需多样，可使用田野研究对个案进行深入分析。本研究综合使用了问卷调查法、访谈法、文本分析法等方法，对中小学教师绩效工资政策进行了深入系统的评估研究，得出一些有益的结论。但是中小学教师绩效工资政策是一个复杂问题，要想弄清绩效工资政策完整的实施过程和对中小学教师所发挥作用的机制，还需要通过以一所学校为个案进行深入田野研究。所以，未来研究的方向是采用田野研究的范式，深入到某一所学校进行长期的研究，探讨绩效工资政策实施的完整过程和作用机制。

（3）研究问题主要聚焦在学校层面，对教育行政部门有待进一步研究。我国中小学教师绩效工资政策的最终落实是在学校层面，中小学校的教师、领导干部是教师绩效工资政策的主要利益相关者群体。但是中小学绩效工资政策的落实与教育行政管理部门有关，涉及教育行政部门和学校的关系（也就是政校关系）。教育行政部门和学校的关系如何，教育行政部门设计绩效工资政策的意图如何，也会对绩效工资政策的实施过程和效果产生重要的影响。所以，未来研究的方向是将教育行政部门负责绩效工资政策制定和实施的相关人员纳入教师绩效工资政策的评估研究。

（4）激励教师的因素有很多，需要在控制无关变量基础上分析工资对教师绩效的净影响。在中小学，激励教师的因素有很多，比如学校对教师发展的支持、学校的职称评定制度、晋升制度等，绩效工资对教师激励作用的发挥可能受到其他因素的干扰，还需要在控制无关变量基础上分析工资对教师绩效的净影响。所以，未来研究的方向是设计一个准实验研究，分析教师绩效工资政策对教师绩效的净影响。

附　　录

附表 1　教师绩效工资政策合法性感知问卷

题　目	非常 不符合	比较 不符合	一般	比较 符合	非常 符合
学校的绩效工资政策符合《教师法》	1	2	3	4	5
学校的绩效工资政策符合《劳动合同法》	1	2	3	4	5
学校的绩效工资政策符合"同工同酬"原则	1	2	3	4	5
学校的绩效工资方案符合"多劳多得，优绩优酬"原则	1	2	3	4	5
学校的绩效工资政策体现了"教师平均工资水平不低于当地公务员的平均工资水平"	1	2	3	4	5

附表 2　教师绩效工资政策公平性感知问卷

题　目	非常 不符合	比较 不符合	一般	比较 符合	非常 符合
与其他行业相比，我的收入是具有竞争力的	1	2	3	4	5
与本区其他学校相同性质的工作比较，我的收入是公平合理的	1	2	3	4	5
与其他区域相同性质的工作比较，我的收入是公平合理的	1	2	3	4	5
学校的工资制度能反映出不同职位（岗位、职务、职称）的贡献	1	2	3	4	5
就工作努力程度而言，我所获得的收入是公平的	1	2	3	4	5

续表

题 目	非常 不符合	比较 不符合	一般	比较 符合	非常 符合
就工作绩效而言，我所获得的收入是公平的	1	2	3	4	5
学校的工资制度符合"多劳多得，优绩优酬"原则	1	2	3	4	5
学校的绩效工资方案、绩效考核方案是公开的	1	2	3	4	5
学校的绩效考核结果是公开的	1	2	3	4	5
我了解学校整体的教师基本工资和奖励工资水平	1	2	3	4	5
教师能够参与绩效工资方案、绩效考核方案的制定	1	2	3	4	5
在制定绩效工资方案、绩效考核方案时，学校能充分尊重和考虑教师的意见	1	2	3	4	5
学校向教师详细说明绩效工资、绩效考核的实施方案	1	2	3	4	5
在方案实施过程中，学校经常跟教师沟通，听取教师意见	1	2	3	4	5
学校有专门的申诉渠道，教师可以反映有关绩效政策的疑惑和问题	1	2	3	4	5
教师的申诉能够得到满意回复	1	2	3	4	5

附表 3 教师组织承诺量表

绩效工资实施前					题 目	绩效工资实施后				
非常 不符合	比较 不符合	一般	比较 符合	非常 符合		非常 不符合	比较 不符合	一般	比较 符合	非常 符合
1	2	3	4	5	我非常乐意今后一直在这所学校工作	1	2	3	4	5
1	2	3	4	5	我真觉得学校的事情也是我自己的事情	1	2	3	4	5

绩效工资实施前					题目	绩效工资实施后				
非常不符合	比较不符合	一般	比较符合	非常符合		非常不符合	比较不符合	一般	比较符合	非常符合
1	2	3	4	5	我对这所学校没有强烈的归属感	1	2	3	4	5
1	2	3	4	5	我觉得自己和这所学校没有"情感联系"	1	2	3	4	5
1	2	3	4	5	即使我想离开这所学校,也很困难	1	2	3	4	5
1	2	3	4	5	如果我决定离开这所学校,我的生活会被打乱	1	2	3	4	5
1	2	3	4	5	我没有选择,不能考虑离开这所学校	1	2	3	4	5
1	2	3	4	5	我觉得没有任何义务继续留在这所学校	1	2	3	4	5
1	2	3	4	5	如果离开这所学校,我会感到愧疚	1	2	3	4	5
1	2	3	4	5	我觉得我应该为学校做很多事情	1	2	3	4	5

附表 4　教师职业承诺量表

绩效工资实施前					题目	绩效工资实施后				
非常不符合	比较不符合	一般	比较符合	非常符合		非常不符合	比较不符合	一般	比较符合	非常符合
1	2	3	4	5	教师职业对我的个人形象是重要的	1	2	3	4	5
1	2	3	4	5	我后悔选择了教师职业	1	2	3	4	5

绩效工资实施前					题目	绩效工资实施后				
非常 不符合	比较 不符合	一般	比较 符合	非常 符合		非常 不符合	比较 不符合	一般	比较 符合	非常 符合
1	2	3	4	5	我为自己是一名教师感到自豪	1	2	3	4	5
1	2	3	4	5	我不喜欢做教师	1	2	3	4	5
1	2	3	4	5	我已经在教师职业投入了很多，因此，现在不会考虑转行	1	2	3	4	5
1	2	3	4	5	对我来说，现在很难改行	1	2	3	4	5
1	2	3	4	5	如果转行不做教师，我的生活将被打乱	1	2	3	4	5
1	2	3	4	5	转行不做教师对我来说代价很大	1	2	3	4	5
1	2	3	4	5	我不认为我有义务坚持从事教师职业	1	2	3	4	5
1	2	3	4	5	我认为有责任继续从事教师职业	1	2	3	4	5
1	2	3	4	5	即使对我有利，我也不认为离开教师职业是正确的	1	2	3	4	5
1	2	3	4	5	如果离开教师职业，我会感到愧疚	1	2	3	4	5

附表 5　教师工作满意度量表

绩效工资实施前					题目	绩效工资实施后				
非常 不符合	比较 不符合	一般	比较 符合	非常 符合		非常 不符合	比较 不符合	一般	比较 符合	非常 符合
1	2	3	4	5	我的工作能带给我成就感	1	2	3	4	5
1	2	3	4	5	我目前的工作令人满意	1	2	3	4	5
1	2	3	4	5	我的工作有挑战性	1	2	3	4	5
1	2	3	4	5	我的收入是公平合理的	1	2	3	4	5
1	2	3	4	5	我的工作收入低	1	2	3	4	5
1	2	3	4	5	我的收入足够日常开销	1	2	3	4	5
1	2	3	4	5	领导有威信	1	2	3	4	5
1	2	3	4	5	领导关心员工	1	2	3	4	5
1	2	3	4	5	领导有现代管理理念	1	2	3	4	5
1	2	3	4	5	同事对我有帮助	1	2	3	4	5
1	2	3	4	5	同事是令人厌烦的	1	2	3	4	5
1	2	3	4	5	同事关系和谐	1	2	3	4	5

附表 6　教师工作投入量表

绩效工资实施前					题目	绩效工资实施后				
非常 不符合	比较 不符合	一般	比较 符合	非常 符合		非常 不符合	比较 不符合	一般	比较 符合	非常 符合
1	2	3	4	5	当我早上起床的时候，我很想去工作	1	2	3	4	5
1	2	3	4	5	在我工作时，我感到充满能量	1	2	3	4	5

绩效工资实施前					题目	绩效工资实施后				
非常 不符合	比较 不符合	一般	比较 符合	非常 符合		非常 不符合	比较 不符合	一般	比较 符合	非常 符合
1	2	3	4	5	在我工作时，即使事情进展得不顺利，我也会一直坚持	1	2	3	4	5
1	2	3	4	5	在我工作时，我在精神上感到很有韧性	1	2	3	4	5
1	2	3	4	5	我的工作让我产生灵感	1	2	3	4	5
1	2	3	4	5	我对我的工作很有热情	1	2	3	4	5
1	2	3	4	5	我对我做的工作感到自豪	1	2	3	4	5
1	2	3	4	5	我的工作充满意义	1	2	3	4	5
1	2	3	4	5	当我在工作的时候，我会忘掉我身边的其他事情	1	2	3	4	5
1	2	3	4	5	当我在工作的时候，我感到时间过得很快	1	2	3	4	5
1	2	3	4	5	当我在工作的时候，我会被吸引住	1	2	3	4	5
1	2	3	4	5	当我在埋头苦干时，我感到很高兴	1	2	3	4	5

参考文献

1. 中文著作、译著

［1］［美］科恩 C. 论民主［M］. 聂崇信，朱秀贤，译. 北京：商务印书馆，1988：12，21.

［2］孙光. 政策科学［M］. 杭州：浙江教育出版社，1988：14.

［3］［德］尤尔根·哈贝马斯. 交往与社会进化［M］. 张博树，译. 重庆：重庆出版社，1989：184.

［4］［美］塞缪尔·P. 亨廷顿，琼·M. 纳尔逊. 难以抉择：发展中国家的政治参与［M］. 汪晓寿，等译. 北京：华夏出版社，1989：12-13.

［5］［美］丹尼尔·L. 斯塔弗尔比姆. 方案评价中的 CIPP 模式［M］// 瞿葆奎. 教育评价. 北京：人民教育出版社，1989：309.

［6］［美］詹姆斯·E. 安德森. 公共决策［M］. 唐亮，译. 北京：华夏出版社，1990：4.

［7］张金马. 政策科学导论［M］. 北京：中国人民大学出版社，1992：19-20.

［8］邓小平. 邓小平文选（第2卷）［M］. 北京：人民出版社，1994：108.

［9］程正方. 现代管理心理学［M］. 2版. 北京：北京师范大学出版社，1996：176.

［10］袁振国. 教育政策学［M］. 南京：江苏教育出版社，1996：230.

［11］孙绵涛. 教育政策学［M］. 武汉：武汉工业大学出版社，1997：4-8.

［12］顾明远. 世界教育大事典［M］. 南京：江苏教育出版社，2000：1497.

［13］爱德华·P. 拉齐尔. 人事经济管理学［M］. 刘昕，等译. 北京：生活·读书·新知三联书店，北京大学出版社，2000：300-302.

［14］金国坤. 行政程序法论［M］. 北京：中国检察出版社，2002：39-41.

［15］李宝元. 战略性激励：现代企业人力资源管理精要［M］. 北京：经济科学出版社，

2002：25.

［16］陈振明.公共政策分析［M］.北京：中国人民大学出版社，2003：41-43，275-280.

［17］刘复兴.教育政策的价值分析［M］.北京：教育科学出版社，2003：46-47.

［18］吕达，周满生.当代外国教育改革著名文献：美国卷第一册［M］.北京：人民教育出版社，2004：1-22.

［19］［美］阿尔菲·科恩.为什么奖励计划难以发挥作用［M］//［美］阿尔弗雷德·拉帕波特，等.薪酬管理.李莉，译.北京：中国人民大学出版社，2004：27-47.

［20］［美］巴里·格哈特，萨拉·L.瑞纳什.薪酬管理：理论、证据与战略意义［M］.朱舟，译.上海：上海财经大学出版社，2005：123，132.

［21］［美］兰斯·A.伯杰，多萝西·R.伯杰.薪酬手册［M］.文跃然，等译.北京：清华大学出版社，2006：19.

［22］陶学荣.公共政策学［M］.大连：东北财经大学出版社，2006：33.

［23］应奇，刘训练.审议民主［M］.南京：江苏人民出版社，2006：7.

［24］曾湘泉.薪酬：宏观、微观与趋势［M］.北京：中国人民大学出版社，2006：1，271-272，445，281-282.

［25］李钢，蓝石.公共政策内容分析方法：理论与应用［M］.重庆：重庆大学出版社，2007：4.

［26］［美］弗朗西斯·C.福勒.教育政策学导论［M］.2版.许庆豫，译.南京：江苏教育出版社，2007：286-287.

［27］［美］丹尼尔·L.斯塔弗尔比姆，等.评估模型［M］.苏锦丽，等译.北京：北京大学出版社，2007：39-98，321-368.

［28］何包钢.协商民主：理论、方法和实践［M］.北京：中国社会科学出版社，2008：20.

［29］李允杰，丘昌泰.政策执行与评估［M］.北京：北京大学出版社，2008：153-156，235-239，243-253.

［30］［美］乔治·T.米尔科维奇，杰里·M.纽曼.薪酬管理［M］.9版.成得礼，译.北京：中国人民大学出版社，2008：7-8，12-17，233，252，274.

［31］萧宗六.学校管理学［M］.4版.北京：人民教育出版社，2008：21.

［32］朱小蔓.基础教育阶段现代学校制度的理论与实验研究［M］.北京：教育科学出版社，2008：19-20.

［33］［美］弗雷德里克·赫茨伯格.赫茨伯格的双因素理论［M］.张湛，译.北京：中国人民大学出版社，2009：71-72，98-99.

［34］莫吉武，等.协商民主与有序参与［M］.北京：中国社会科学出版社，2009：32.

［35］李建民.事业单位绩效工资改革操作实务手册［M］.北京：机械工业出版社，2010：3.

［36］［美］威廉·N.邓恩.公共政策分析导论［M］.2版.谢明，等译，北京：中国人民大学出版社，2010：8-13.

［37］［美］约瑟夫·J.马尔托奇奥.战略薪酬管理［M］.5版.杨东涛，钱峰，译.北京：中国人民大学出版社，2010：4-6，7，198.

［38］［美］阿巴斯·塔沙克里，查尔斯·特德莱.混合方法论：定性方法和定量方法的结合［M］.唐海华，译.重庆：重庆大学出版社，2010：2-5.

［39］褚宏启.教育政策学［M］.北京：北京师范大学出版社，2011：219，223-228.

［40］范国睿，等.教育政策的理论与实践［M］.上海：上海教育出版社，2011：23.

［41］［美］杰拉尔德·格林伯格，罗伯特·A.巴伦.组织行为学［M］.9版.毛蕴诗，译.北京：中国人民大学出版社，2011：248.

［42］周洪宇.前言［M］//周洪宇.中国教育黄皮书：长江教育研究院2011年度教育报告.武汉：湖北教育出版社，2011.

［43］经济合作与发展组织.教育概览2012：OECD指标［M］.中国教育科学研究院，编译.北京：教育科学出版社，2012：497.

［44］李永周.薪酬管理：理论、制度与方法［M］.北京：北京大学出版社，2013：152.

［45］［美］理查德·I.亨德森.薪酬管理［M］.10版.刘洪，韦慧民，译.北京：北京师范大学出版社，2013：18，57-58.

［46］［英］布伦特·戴维斯，琳达·埃里森.学校发展规划［M］.陈建华，等译.北京：北京大学出版社，2013：5.

［47］赵德成.中小学依法治校评估：问题与建议［M］//劳凯声.中国教育法制评论：第11辑 北京：教育科学出版社，2013：118-132.

［48］刘昕.薪酬管理［M］.4版.北京：中国人民大学出版社，2014：3，23-24，270.

［49］赵德成.学校评估：理论、政策与实践［M］.上海：华东师范大学出版社，2015：15-17，32.

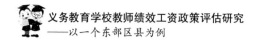

2. 中文学位论文

［1］林淑姬.薪酬公平、程序公正与组织承诺、组织公民行为关系之研究［D］.台北：台湾政治大学，1992.

［2］赫栋峰.美国公立中小学教师绩效工资改革研究［D］.重庆：西南大学，2010.

［3］刘祥辉.农村义务教育教师绩效工资实施现状、问题与对策探究［D］.上海：华东师范大学，2010.

［4］全力.国家教育政策对基层教育管理的影响研究［D］.上海：华东师范大学，2010.

［5］蒋昕.义务教育阶段教师绩效工资政策背景下的教师薪酬公平感及其相关因素研究［D］.北京：北京师范大学，2011.

［6］马洁.教师奖励性绩效工资激励效果研究［D］.北京：首都师范大学，2012.

［7］龙为.义务教育学校教师绩效工资制度改革研究［D］.长沙：湖南师范大学，2013.

［8］肖晓.义务教育学校教师绩效工资分配研究［D］.上海：上海师范大学，2014.

［9］王贺.义务教育学校绩效工资政策执行效果研究［D］.武汉：武汉大学，2015.

［10］伍小兵.绩效工资政策之激励初衷与现实困境研究［D］.重庆：西南大学，2016.

3. 中文期刊论文

［1］林淑姬，等.薪酬公平、程序公正与组织承诺、组织公民行为关系之研究［J］.管理评论，1994，13（2）：87-108.

［2］张美兰，车宏生.目标设置理论及其新进展［J］.心理学动态，1999，7（2）：35-40.

［3］常柏香.双因素理论与学校管理浅谈［J］.教育与经济，2000（S1）：96-97.

［4］李立国，王建梁，孙志军.加强基础与追求优异：二战后美国基础教育改革［J］.清华大学教育研究，2000（4）：122-128.

［5］张薇薇.不宜把教师纳入公务员序列［J］.上海教育科研，2006（4）：33.

［6］尹力.教师工资拖欠的困境与出路［J］.当代教育科学，2006（15）：10-13，22.

［7］谢义忠，萧爱玲，任孝鹏，等.程序公平对工作满意度、组织承诺的影响：工作不安全感的中介作用［J］.中国临床心理学杂志，2007（2）：138-141.

［8］胡伶.教育政策评估标准体系的架构研究［J］.教育理论与实践，2008（34）：20-24.

［9］黄娟.团队薪酬的设计［J］.企业管理，2008（2）：72-74.

［10］林琳，时勘，萧爱玲.工作投入研究现状与展望［J］.管理评论，2008（3）：8-15，63.

［11］潘明．高校教师薪酬公平感与工作满意度关系探讨［J］．浙江工业大学学报（社会科学版），2008（2）：164-168，179．

［12］李钰卿，张小林．知识型员工薪酬公平、组织承诺和离职倾向间的关系［J］．软科学，2008（8）：134-138．

［13］田正平，杨云兰．建国以来中学教师工资制度的改革［J］．教育评论，2008（6）：158-161．

［14］叶天莲，罗良针．学校组织文化建设中的问题、成因及策略［J］．教学与管理，2008（3）：25-27．

［15］陈大超，杨平．完善我国中小学民主管理运行机制的对策［J］．教育科学，2009（6）：21-25．

［16］陈时见，赫栋峰．美国公立中小学教师绩效工资改革［J］．比较教育研究，2009（12）：1-5，15．

［17］杜旌．绩效工资：一把双刃剑［J］．南开管理评论，2009（3）：117-124，134．

［18］戴伟芬．美国教师质量研究述评：教师有效性的视角［J］．比较教育研究，2009（5）：87-90．

［19］贾建国．美国中小学教师绩效工资改革及其对我国的启示［J］．比较教育研究，2009（9）：63，85-88．

［20］银小贵，李龙刚，彭光明．论公立学校教师公务员身份的确立［J］．教育探索，2009（4）：52-54．

［21］赵德成，蒋昕．设计奖励性教师绩效工资计划的基本原则［J］．中小学管理，2009（5）：4-6．

［22］付卫东，曾新．义务教育教师绩效工资政策实施与分析：基于中部四省部分县（区）的调查［J］．教育发展研究，2010（21）：16-21．

［23］韩小雨，庞丽娟．我国义务教育教师的国家教育公务员法律身份及其保障制度［J］．教育学报，2010（2）：82-89．

［24］庞丽娟，等．完善机制 落实义务教育教师绩效工资政策［J］．教育研究，2010（4）：40-44．

［25］苏君阳．义务教育学校实施绩效工资面临的问题［J］．中国教育学刊，2010（2）：6-9．

［26］徐刚．事业单位绩效工资正向激励的路径依赖［J］．中国行政管理，2010（3）：32-36．

［27］杨明宏.我国中小学基层民主管理式微：来自对中小学校教代会制度建设现状的调查
［J］.上海教育科研，2010（7）：37-40.

［28］杨挺.教师绩效工资政策审视：人力资本的视角［J］.中国教育学刊，2010（7）：20-23.

［29］赵德成，孙金鑫.面对难题，专家支招——绩效考核：送给学校的六条建议［J］.中
小学管理，2010c（1）：7-8.

［30］赵德成.校长教学领导力：领导什么与怎么领导［J］.中小学管理，2010b（3）：7-9.

［31］赵德成.绩效工资如何设计才能有效激励教师：基于心理学理论的分析［J］.中国教
育学刊，2010a（6）：32-35.

［32］范先佐，付卫东.义务教育教师绩效工资改革：背景、成效、问题与对策——基于对
中部4省32县（市）的调查［J］.华中师范大学学报（人文社会科学版），2011（6）：
128-137.

［33］何凤秋，刘美玲.义务教育学校绩效工资实施情况跟踪研究：基于中小学校长、教师
及基础教育行政人员的调研［J］.劳动保障世界（理论版），2011（2）：4-9.

［34］孟卫青.美、英、澳国家教师绩效工资政策的实施：经验与问题［J］.比较教育研究，
2011（2）：27-31.

［35］曾荣光.理解教育政策的意义：质性取向在政策研究中的定位［J］.北京大学教育评
论，2011（1）：152-180，192.

［36］蔡永红，梅恩.美国中小学教师绩效工资改革的沿革、特点及启示［J］.比较教育研
究，2012（8）：14-19.

［37］刘波，刘泽环.教师身份不宜公务员化［J］.现代教育管理，2012（4）：66-70.

［38］容中逵.教师绩效工资实施问题及其臻善：基于对浙江省的实地调研［J］.中国教育
学刊，2012（1）：38-41.

［39］姜金秋，杜育红.我国中小学教师工资水平分析（1990—2010年）［J］.上海教育科
研，2013（5）：10-13.

［40］蒋平，程晋宽.美国教师绩效工资改革的历史嬗变与发展［J］.上海教育科研，2013
（9）：26-29.

［41］李孔珍.义务教育绩效工资政策执行模式分析：基于学校组织变革的视角［J］.中国
教育学刊，2013（6）：28-31.

［42］刘诚．泰勒制与工资机制问题研究［J］．上海师范大学学报（哲学社会科学版），2013（6）：52-58.

［43］［美］汉纳谢克．高质量教师的经济价值［J］．曹浩文，译．教育学报，2013（4）：31-37.

［44］赵健，裴新宁，冯锐，等．我国教师的专业发展实践及其对学生成绩的影响：基于五城市调研的分析［J］．全球教育展望，2013（2）：22-33，53.

［45］李先军．论绩效工资背景下教师专业身份认同的自我构建［J］．教育研究与实验，2014（4）：64-68.

［46］褚宏启．教育治理：以共治求善治［J］．教育研究，2014（10）：4-11.

［47］褚宏启，贾继娥．教育治理中的多元主体及其作用互补［J］．教育发展研究，2014（19）：1-7.

［48］范先佐．关键是要确保教师工资福利待遇的不断提高［J］．教育与经济，2014（1）：8-9.

［49］姜金秋，杜育红．提高中小学教师工资水平的方案设计及可行性分析［J］．教育研究，2014（12）：54-60.

［50］李斌辉．教师绩效评价与传统文化的冲突和圆融：基于文化维度理论的分析［J］．教育发展研究，2014（4）：47-53.

［51］李根，葛新斌．义务教育教师绩效工资政策执行困境及其突破［J］．教育发展研究，2014（4）：41-46.

［52］刘军胜．论工资的内涵和外延［J］．中国劳动，2014（9）：8-11.

［53］刘伟．内容分析法在公共管理学研究中的应用［J］．中国行政管理，2014（6）：93-98.

［54］宁本涛．教师绩效工资实施的弱激励效应分析：以西部 Q 市 Y 区为例［J］．中国教育学刊，2014（4）：90-93.

［55］钱爱民，郁智，步丹璐．结果公平还是过程公平？——基于薪酬激励对员工离职的实证分析［J］．经济与管理研究，2014（9）：101-109.

［56］容中逵．农村教师薪酬问题研究：来自浙江、河北、四川三省的调研报告［J］．教育研究，2014（3）：144-150.

［57］安雪慧．我国中小学教师工资水平变化及差异特征研究［J］．教育研究，2014（12）：44-53.

［58］安雪慧. 义务教育学校教师绩效工资政策效果分析［J］. 中国教育学刊, 2015（11）:
53–60.

［59］毕妍, 蔡永红, 王莉. 教师薪酬满意及其对教师绩效的影响［J］. 教育发展研究,
2015（18）: 49–54.

［60］邓锦莹, 赵文平. 关于 IT 专业技术人员薪酬公平感与职业承诺关系的研究［J］. 现代
商业, 2015（7）: 91–92.

［61］杜晓利. 我国中小学教师工资水平的比较分析与若干建议［J］. 中国教育学刊, 2015
（4）: 27–31, 74.

［62］宁本涛. 义务教育阶段教师绩效工资政策实施的激励效应分析: 以上海市 P 区教师调
查为例［J］. 教育发展研究, 2015（22）: 16–20.

［63］任惜春, 罗磊. 基于公平理论的义务教育教师绩效工资激励探究［J］. 现代中小学教
育, 2015（3）: 1–4.

［64］王贺. 绩效工资政策实施效果实证研究［J］. 中国教育学刊, 2015（6）: 69–72.

［65］杨小丽, 汪红烨. 四川义务教育学校教师绩效工资制度的实施现状调查分析［J］. 教
学与管理, 2015（3）: 25–28.

［66］叶青. 化解公务员收入两难选择［J］. 人民论坛, 2015（7）: 64–65.

［67］诸东涛, 陈国庆, 周龙军. 义务教育学校绩效工资改革的困境与对策［J］. 中国教育
学刊, 2015（12）: 40–43.

［68］孟卫青. 义务教育学校奖励性绩效工资制度设计的研究［J］. 教育研究, 2016（2）:
70–77.

［69］张翔. 教师何须公务员化［J］. 教学与管理, 2016（6）: 39–41.

4. 其他中文文献

［1］国际劳工组织. 国际劳工公约和建议书: 第一卷（1919—1969）［Z］. 北京: 国际劳工
组织北京局, 1994: 131.

［2］凤智. 英国: 中小学教师绩效工资新政"回头看"［N］. 中国教育报, 2014-03-05（9）.

［3］石中英. 问计于教师 建设让党和人民满意的高质量教师队伍——教育规划纲要加
强教师队伍建设专题评估结果报告, 2015［R/OL］.［2016-02-15］. http://www.
moe.gov.cn/jyb_xwfb/xw_fbh/moe_2069/xwfbh_2015n/xwfb_151207/151207_sfcl/201512/

t20151207_223267.html.

5. 英文著作

［1］Vroom V H. Work and motivation［M］. New York：Wiley，1964.

［2］Adams J S. Inequity in social exchange［M］// BERKOWITZ L. Advances in experimental social psychology：Vol. 2. New York：Academic Press，1965.

［3］Thibaut J，Walker L. Procedural Justice：a psychological analysis［M］. Hillsdale，NJ：Erlbaum，1975.

［4］Porwoll P J. Merit pay for teachers［M］. Arlington，VA：Educational Research Service，1979.

［5］Leventhal G. S. What should be done with equity theory？ new approaches to the study of fairness in social relationships［M］//Gergen K，Greenberg M，Willis R. Exchange：advances in theory and research. New York：Plenum Press，1980：27–55.

［6］Stufflebeam D L，Madaus G F. Educational evaluation：the classical writings of Ralph W. Tyler［M］. Boston：Kluwer–Nijhoff，1988.

［7］Wallace M J，Fay C H. Compensation theory and practice［M］. Boston：PWS–KENT，1988.

［8］Lieberman M.The teacher unions［M］. New York：The Free Press，1997.

［9］Odden A，Kelley C. Paying teachers for what they know and do：new and smarter compensation strategies to improve schools［M］. Thousand Oaks，CA：Corwin Press，Inc，1997.

［10］Vedung E. Public policy and program evaluation［M］. New Brunswich，New Jersey：Transaction Pubishers，1997.

［11］Santiago P. The labour market for teachers［M］// Johnes G，Johnes J. International handbook on the economics of education. Cheltenham：Edward Elgar，2004.

［12］OECD. Teachers matter：attracting，developing and retaining effective teachers［M］. Paris：OECD Publishing，2005.

［13］Springer M G. Rethinking teacher compensation policies：why now，why again？［M］// Springer M G. Performance incentives：their growing impact on American K–12 education. Washington D C：Brookings Institution Press，2009：1–21.

6. 英文期刊论文

[1] Maslow A H, Green C D. A theory of human motivation[J]. Psychological Review, 1943, 50 (1): 370-396.

[2] Adams J S. Toward an understanding of inequity [J]. Journal of Abnormal and Social Psychology, 1963, 67 (5): 422-436.

[3] English F. Merit pay: reflections of education's lemon tree [J]. Educational Leadership, 1983, 41 (4): 72-79.

[4] Murnane R J, Cohen D K. Merit pay and the evaluation problem: why most merit pay plans fail and a few survive[J]. Harvard Educational Review, 1986, 56 (1): 1-17.

[5] Sharpes D K. Incentive pay and the promotion of teaching proficiencies [J]. The Clearing House, 1987, 60 (9): 406-408.

[6] Huberman M. The professional life cycle of teachers[J]. Teachers College Record, 1989, 91 (1): 31-57.

[7] Balkin D B, Gomez-Mejia L R. Matching compensation and organizational strategies [J]. Strategic Management Journal, 1990, 11 (2): 153-169.

[8] Meyer J P, Allen N J. A three-component conceptualization of organizational commitment[J]. Human Resource Management Review, 1991, 1 (1): 61-89.

[9] Ballou D, Podgursky M. Teachers' attitude towards merit: examining conventional wisdom [J]. Industrial and Labor Relations Review, 1993, 47 (1): 50-61.

[10] Meyer J P, Allen N J, Smith C A. Commitment to organizations and occupations: extension and test of a three-point conceptualization[J]. Journal of Applied Psychology, 1993, 78 (4): 538-551.

[11] Marsden D, Richardson R. Performing for pay? the effect of merit pay on motivation in a public service[J]. British Journal of Industrial Relations, 1994, 32 (2): 243-262.

[12] Heneman H G III. Assessment of the motivational reactions of teachers to a school-based performance award program [J]. Journal of Personnel Evaluation in Education, 1998, 12 (1): 43-59.

[13] Kelley C. The Kentucky school-based performance award program: school-level effects[J]. Educational Policy, 1998, 12 (3): 305-324.

［14］Kelley C. The motivational impact of School-Based Performance Awards［J］. Journal of Personnel Evaluation in Education, 1999, 12（4）: 309-326.

［15］Chamberlin R, Wragg T, Haynes G, et al. Performance-related pay and the teaching profession: a review of the literature［J］. Research Papers in Education, 2002, 17（1）: 31-49.

［16］Figlio D N. Can public schools buy better-qualified teachers ?［J］. Industrial and Labor Relations Review, 2002, 55（4）: 686-699.

［17］Hanushek E A. The failure of input-based schooling policies［J］. Economic Journal, 2003, 113: F64－F68.

［18］Jacob B, Levitt S. Rotten apples: an investigation of the prevalence and predictors of teacher cheating［J］. Quarterly Journal of Economics, 2003, 118（3）: 843-877.

［19］Dee T, Keys B J. Does merit pay reward good teachers ? evidence from a randomized experiment［J］. Journal of Policy Analysis and Management, 2004, 23（3）: 471-488.

［20］Hanushek E A, Kain J F, Rivkin S G. Why public schools lose teachers［J］. The Journal of Human Resources, 2004, 39（2）: 326-354.

［21］Sweeney P D, McFarlin D B. Wage comparisons with similar and dissimilar others［J］. Journal of Occupational and Organizational Psychology, 2005（78）: 113-131.

［22］Figlio D N, Kenny L W. Individual teacher incentives and student performance［J］. Journal of Public Economics, 2007, 91（3）: 901-914.

［23］Kingdon G G, Teal F. Does performance related pay for teachers improve student performance ? some evidence from India［J］. Economics of Education Review, 2007, 26（4）: 473-486.

［24］Podgursky M J, Springer M G. Teacher performance pay: a review［J］. Journal of Policy Analysis and Management, 2007, 26（4）: 909-949.

［25］Lavy V. Using performance-based pay to improve the quality of teachers［J］. The Future of Children, 2007, 17（1）: 87-109.

［26］Gratz D B. The problem with performance pay［J］. Educational Leadership Journal of the Department of Supervision & Curriculum Development N.e.a, 2009, 67（3）: 76-79.

［27］Lavy V. Performance pay and teachers' effort, productivity, and grading ethics［J］. American

Economic Review, 2009, 99 (5): 1979 - 2011.

[28] Toch T . The perils of merit pay: linking teacher pay to performance can't move forward until resolution of questions regarding fairness, teacher evaluation, and the relationship of test scores to teaching quality [J] . Phi Delta Kappan, 2009: 91.

[29] Glewwe P, Nauman I, Kremer M. Teacher incentives [J] . American Economic Journal: Applied Economics, 2010, 2 (3): 205–227.

[30] Kobakhidze M N. Teacher incentives and the future of merit–based pay in Georgia [J] . European Education, 2010, 42 (3): 68–89.

[31] Goldhaber D, DeArmond M, DeBurgomaster S. Teacher attitudes about compensation reform: implications for reform implementation [J] . Industrial and Labor Relations Review, 2011, 64 (3): 441–463.

[32] Muralidharan K, Sundararaman V. Teacher performance pay: experimental evidence from India [J] . Journal of Political Economy, 2011, 119 (1): 39 - 77.

[33] Podgursky M J. Teacher compensation and collective bargaining [J] .Handbook of the Economics of Education, 2011 (3): 279–313.

[34] Woessmann L. Cross–country evidence on teacher performance pay [J] . Economics of Education Review, 2011, 30 (3): 404–418.

[35] Duflo E, Ryan H S P . Incentives work: getting teachers to come to school [J] . The American Economic Review, 2012, 102 (4): 1241–1278.

[36] Gius M. The effects of merit pay on teacher job satisfaction [J] . Applied Economics, 2013, 45 (31): 4443 - 4451.

7. 其他英文文献

[1] Kelley C. A new teacher–pay system could better support reform, 1996 [EB/OL] . [2016–03–10] . http: //www.edweek.og./ed/vol–15/23kelley.h15.html.

[2] Marsden D, French S. What a performance ? [R] .London: Centre for Economic Performance, London School of Economics, 1998.

[3] Adkins G K. Teacher performance pay: the perceptions of certified school–based personnel [D] . Orlando, Florida: University of Central Florida, 2004.

［4］Jacob B, Springer M G. Teacher attitudes toward pay for performance: evidence from Hillsborough county, Florida［Z］. Prepared for performance incentives: their growing impact on American K–12 education, working paper, 2008.

［5］Springer, M. G., et al.. Teacher pay for performance: experimental evidence from the project on incentives in teaching［R］. Nashville, TN: NCPI Policy Evaluation Report, National Center on Performance Incentives, 2010.

［6］Jones M. The effect of merit pay on teacher behavior, 2011［EB/OL］.［2015–06–01］.http://www.sole–jole.org/11022.pdf.

［7］Forand S J. Teachers' attitudes and perceptions about pay–for–performance［D］. Boston: Northeastern University, 2012.

［8］Jackson V, Langheinrich C, Loth D. Teachers' perceptions on merit pay［R］. the School of Education Indiana University South Bend, 2012.

后　记

本书是在我的博士学位论文基础上修改而成的。本研究的顺利完成得益于很多人的帮助，在此我要表达最真挚的谢意。

我与教师评价、教师绩效工资问题结缘于导师的学校管理改进项目。首先要感谢我的恩师北京师范大学教育学部赵德成教授。赵老师是我的硕士和博士导师，是我学术生涯的引路人。他从最基本的阅读文献开始，不仅教给我如何搜寻国内外权威文献，还告诉我评价论文优劣的标准，将我慢慢引入教育管理的研究世界。而且，从硕士入学初，赵老师就让我负责实践项目，带我接触教育教学的实践，让我了解到实践问题的复杂性，使我认识到自己在学术知识和能力上存在的缺陷。在负责项目的过程中，赵老师不断培养我的问题意识和研究能力，手把手教我设计研究、撰写调研报告。他深厚的学术造诣、严谨的治学态度、细致入微的做事风格、温文尔雅的待人方式都深深影响和打动着我。在博士论文写作中，从论文的选题、论文的框架、研究的设计、研究的实施到论文的撰写等方方面面，赵老师都投入了很大的精力，给我提供了很多富有创造性和可操作性的意见和建议。师恩似海，没齿难忘，在此谨向我最尊敬、最亲爱的导师表达我最崇高的敬意和最衷心的感谢。

我的研究能够顺利完成，离不开各位专家老师对我学业的教诲以及对我投身学术研究的鼓励和支持。感谢褚宏启教授、张东娇教授、苏君阳教授，在我论文开题时提出的宝贵意见和建议，为我接下来的论文研究开了个好头。感谢刘淑兰教授、张东娇教授、蔡永红教授，在我论文预答辩时提出的有针对性的修改建议，为我论文修改指明了方向。感谢三位盲审专家对我论文的评价，给我提出有益的修改意见。感谢张景斌教授、阎凤桥教授、刘淑兰教授、张东娇教授、蔡永红教授在百忙之中参加我的博士论文答辩，对我的论文进行最后的审核。

本研究的完成，也离不开很多一线教育管理者和教师的支持。感谢协助我完成调研的 A 区教委领导、样本学校的领导和教师。他们对我的帮助是巨大的，没有他们的帮助，我的研究也不可能完成。

感谢我的家人、我的同师门兄弟姐妹对我的支持和帮助。感谢我的领导北京教育科学研究院教师研究中心主任鱼霞研究员，我的同事郝保伟副研究员、赖德信副研究员对我工作和学术研究的大力支持。感谢知识产权出版社的责任编辑王颖超，其认真而专业的工作，对本书的出版起到了很好的作用。

教师绩效工资问题是一个复杂而又极具现实意义的话题，我会继续开展相关研究，改进本研究中的不足，以期为提高中小学教师待遇、加强教师队伍建设贡献自己的力量。当然，我深知自己才疏学浅，本书难免会有纰漏之处，恳切希望各位专家和广大读者批评指正。

宋洪鹏

2019 年 10 月